VOM WURM ZUM GOTT-MENSCHEN

Heil und Frieden durch Bewusstseinserweiterung

Oliver Feldmann

Umschlagentwurf: Oliver Feldmann
Bild Vorderseite: Andreas Quadt
Bild Rückseite: Mona Klein
Textverarbeitung: Licht-Insel Oliver Feldmann

Herstellung und Verlag:
BoD - Books on Demand, Norderstedt
ISBN 978-3-7357-7974-8

Wie eine Raupe zum Schmetterling wird,
so wirst du eines Tages,
vom Wurm, der auf dem Boden kriecht,
zum göttlichen, leuchtenden Wesen,
das du immer warst.
Du brauchst nur dein Bewusstsein zu erweitern.

Trete ein!
Dieses Buch wird dich verwandeln!

Oliver Feldmann

„Warum soll ich das Bewusstsein weiter entfalten?"

Um alles bewusster wahr zu nehmen.

Wir sollten einander gegenüber MEHR EHRLICH-KEIT entgegen bringen. Lügen werden wir eines Tages alle miteinander tragen. Was wir säen, werden wir ernten! Wir sollten einander die Wahrheit sagen und über die Wahrheit sprechen. Es nützt nichts, wenn wir etwas verheimlichen oder lügen, nur weil wir Angst vor der Wahrheit haben. Die Wahrheit wird dich frei machen.

Wahrheit bedeutet auch über solche Dinge, wie in diesem Buch beschrieben, bescheid zu wissen und nicht mit Scheuklappen durch die Welt zu gehen. Bewusstseinserweiterung bedeutet sich BEWUSST zu werden über alles was in und um uns vor sich geht, auch wenn wir Wahrheiten ins Gesicht sehen müssen, die uns nicht angenehm erscheinen. Dazu gehört dementsprechend zu reagieren, zu handeln, zu denken und diese Wahrheiten zu leben. Nichtwissen, wegschauen oder verdrängen hilft dir nicht, schützt dich nicht, erweitert dein Bewusstsein nicht und befreit dich auch nicht von den Konsequenzen, die daraus entstehen.
Auf eine AKTION folgt immer eine REAKTION! Das ist ein göttliches Gesetz. Ob es dir bewusst oder ob es dir nicht bewusst ist, es wirkt in deinem Leben. Jedes Wesen im Universum ist in diesem Gesetz involviert. Wer sich darüber bewusst ist,

hat sein Leben in der Hand und kann es zu mehr
Heil und Frieden führen.
„Wer oder was bin ich?"

Normalerweise antworten die meisten Menschen
auf diese Frage, mit dem Namen, dem Beruf,
dem Ehestand, dem Glaubensbekenntnis und dem
Wohnort. Ist dir bewusst, dass du mehr bist als
nur ein Mensch innerhalb einer Gesellschaft?
Wir sind doppelt vorhanden, seelisch und körperlich, sichtbar und unsichtbar.
Wir haben zwei Leben, sind jedoch ein dreieini-
ges Wesen aus Körper, Seele und Geist.

Wir haben den Körper den wir sehen können, den
Menschen mit ca. 140 Billionen Zellen. Unser
Körper versucht immer Abfallstoffe aus dem Körper zu bringen (Verdauung, Ausatmen, Bluttrans-
port, Ausscheidung, Schwitzen, ...). Eine Zelle ist
ein separates, echtes, eigenständiges Lebewe-
sen. Die Leber verbrennt die abgestorbenen Zellen und somit täglich Millionen von Leichen.

 Hast du gewusst, dass sich dein Körper innerhalb
von fast einem Jahr vollkommen erneuern könnte? Seelische Leiden hemmen unsere Organtätig-
keiten. 80% aller Gallenkoliken sind seelisch be-
dingt. Die Niere sortiert Zucker, Mineralstoffe,
Vitamine zurück in den Körper, nur der Harn wird
ausgesiebt und ausgeschieden. Wenn die Niere
das nicht richtig macht, kann es eine Blutvergif-
tung geben. Die Dialyse (Blutwäsche) wäre dann
notwendig.

Das größte Organ das wir haben ist die Haut. Es ist ein ganz wichtiges Organ, da es alle anderen Organe schützt und unsere Grenze zur Außenwelt bildet.
Wir sind ein sehr komplexes Wesen, ein Wunderwerk der Schöpfung. Bist du dir dessen bewusst?

Ein Sprichwort sagt: „Du bist, was du isst." Der Mensch duftet nach dem was er isst (z.B. Knoblauch). Der Mensch nimmt nicht nur die Gerüche und Inhaltstoffe der Nahrung auf, sondern auch die Schwingung der Nahrung vom Wachstum bis zur Herstellung. Wir strahlen energetisch aus was wir essen. Werde dir bewusst, was du in dich aufnimmst!

Schwitzen ist eine der besten Medizin die wir haben! Diese Art von Ausscheidung können wir durch Bewegung verstärken. Durch die Bewegung, beim sanften Sport wird es warm und Schweiß kann fließen. Diese Art von schwitzen macht gesund, weil das Schwitzen von innen herauskommt.
Fieber ist das gesündeste was es gibt, da der Schweiß tief aus dem Körper kommt und Gifte mit hinausschwemmt. Schwitzen in der Sauna ist nur sehr oberflächlich. Die Haut wird ausgelaugt und der Dreck bleibt im Innern. Viele dieser einfachen Möglichkeiten über das Körperliche gesund zu bleiben, haben wir vergessen. Es ist uns nicht mehr wirklich bewusst!

Wir sollten besser auf unsere Sonderbelastungen achten. Ein Beispiel: Die Wirbelsäule und die Bandscheiben haben ein Schutzgewebe welches sie stützen und ein Bindegewebe verbindet das alles. Zwischen dem 4. und 5. Lendenwirbel ist der Ischiasnerv. Wenn wir nur einmal einen unserer Füße heben, haben wir schon doppelt so viel Belastung auf dem anderen Fuß und somit auch an der Wirbelsäule. Wenn wir springen wird das Gewicht noch höher und der Körper verbrennt mehr Energie. Machst du was, hast du einen Verschleiß, machst du nichts hast du auch einen Verschleiß. Joggen ist nicht wirklich gesund. Wenn du so herumhüpfst, machst du dich selber krank. Bewegung sollte sein, aber gemütlich, langsam, sorgfältig; am besten spazieren gehen.

Jede unnötige Bewegung führt zur unnützen Belastung. Alle extremen Sportarten sind ungesund: Joggen, Bodybuilding, Extremsport, Bungee Jumping.

Der Körper ist wichtig für uns. Durch ihn können wir wirken, handeln und kommunizieren. Er ist das Werkzeug unseres unsichtbaren Körpers auf Erden. Ohne ihn könnte unsere Seele hier nicht wirken, das ist das Einzige was uns von Engeln unterscheidet.

Der 2. Körper in unserem Leben kann sich nicht ausdrücken auf der materiellen Erde. Deshalb brauchen wir den materiellen Körper über den sich unser nicht sichtbarer Körper, unsere Seele ausdrücken kann.

Gehe zu deiner ersten Zelle, in ihr ist der ganze Mensch enthalten. Mit unseren Zellen ist es wie mit Samen. Im Samen ist bereits die ganze Pflanze schon enthalten.

Zuerst bildet sich die Urzelle und erst nach einigen vielen Zellen, bilden sich die einzelnen Organ-Zellen. Das sind die Zellen, die dann Zellgruppen bilden und die eine andere Aufgabe haben, als andere Zellengruppen im Körper. Sie bilden dann gemeinsam das Herz, die Nieren und die anderen Organe. Jedes Organ hat andere Zellen, andere Formen, andere Funktionen und andere Aufgaben. Jede einzelne Zelle ist sich dessen bewusst und die Zellgruppen ebenfalls.

46 Chromosome hat der Mensch und auch die Seele. 23 sind männlich und 23 sind weiblich. Deshalb ist jeder Mensch halb männlich und halb weiblich. Wir tragen alle, egal ob Frau oder Mann, ebenso Frau und Mann in uns.

Gott ist nicht nur der Geist, sondern der Vater und die Mutter unserer geistigen Natur und der Sohn ist auch Tochter, sowie die Tochter auch der Sohn ist. Geist und Seele ist immer weiblich und männlich zugleich.

Unser materieller Körper kann nicht alleine existieren, da er nur aus 70 % Wasser und aus 30 %

Materie, Dreck, Edelsteinen und Erde besteht. Der nicht sichtbare Körper, unsere Seele steuert den materiellen Körper, teils unserem Bewusstsein folgend, teils ohne unserem Bewusstsein folgend. Hast du dich noch nie gefragt, wer dich nachts weiter atmen lässt und wer oder was all deine Organe steuert?

Der physische Körper vergeht wieder, zerfällt, wird wieder zur Materie zurückkehren. Er wird wieder zu Wasser, Erde, Mineralstoffen und kehrt zurück in den Kreislauf der materiellen Form. Die Seele, der nicht sichtbare Körper der du bist, hat schon gelebt und lebt immer weiter. Er braucht den physischen Körper nur als eine Art Anzug, den er anzieht wenn er ihn braucht um sichtbar zu werden und ihn auszieht wenn er ihn nicht mehr braucht.

Merke:
ICH HABE KEINE SEELE – ICH BIN DIE SEELE!
ICH BIN EIN ENGEL!

Die Seele, der Engel, der ich bin, kam aus dem geistigen Reich und ist in das befruchtete Ei der Mutter und des Vaters eingegangen. Diese Seele gehört nicht der Mutter und dem Vater. Sie haben nur die Aufgabe bekommen, diese Seele als Kind zu erziehen. Doch wenn es erwachsen geworden ist, haben sie kein Recht mehr über dieses Wesen zu bestimmen. Es wurde ihnen nur geliehen. Diese Seele hat sich diese Eltern ausgesucht, weil die Seele wusste, dass genau diese

Eltern ihr die für sie am nützlichsten Erfahrungen mitgeben werden. Erfahrungen und Lehren die sie für dieses Leben braucht. Egal ob diese nun angenehm waren oder nicht so angenehm waren.

Du selbst hast dir als Engel für den Start in dieses Leben, die Eltern, das Land, das Umfeld ausgesucht. Du selbst hast dich für diese Startrampe auf Erden entschieden. Du selbst wolltest es so! Da die erste befruchtete Zelle bereits beseelt ist und lebt, frage ich dich: „Ist Abtreibung Mord?" Gibt es einen Unterschied, ob du bewusst einen Erwachsenen tötest oder ein Fötus?

Ist es uns erlaubt, einem Wesen das Leben bewusst zu verwehren, aus Eigennutz oder Angst? Diese Frage steht oft im Mittelpunkt von Politik und Kirchenfragen, von Feministinnen und anderen Wichtigtuern. Je nach Bewusstseinserweiterung wirst du dir selbst die Antwort dafür geben. Jeder ist persönlich für seine Entscheidungen und Taten verantwortlich. Egal was du tust, was du lehrst, was du sagst, wie du lebst, wie du etwas entscheidest – du selber trägst darüber die Verantwortung.

WIR SIND EIN KÖRPER!
WIR SIND EINE SEELE!
WIR SIND GEIST!
WIR SIND EIN GÖTTLICHES WESEN!
WIR SIND GÖTTER!

„Wem gehört mein Leben?
Was ist meine Verantwortung darüber?"

Die Seele unser unsichtbarer Körper hat auch
Organe. Diese Organe sind unsere Eigenschaften,
wie Liebe, Hass, Vertrauen, Misstrauen und wie
sie alle heißen. Jede dieser Eigenschaften wird
einem physischen Organ zugeordnet. Du selbst
entscheidest welche Eigenschaft du lebst und
niemand anderer.

Kein Dämon, kein Geist oder Teufel, kein Mensch
oder böser Vater oder sonstiger Bösewicht, ist für
irgendetwas verantwortlich, was dich betrifft.
Wir haben den freien Willen bekommen. Wir dürfen mitentscheiden, was wir machen wollen, wie
wir uns entscheiden wollen und für welche Ein-
stellungen im Leben wir uns entscheiden: „Was
mache ich? Was mache ich mit dem Wissen, das
ich habe? Was mache ich mit dem Messer in meiner Hand? Was mache ich mit der Meditation?
Was mache ich mit meinem Denken?" Ich entscheide was ich tue, für was ich es tue und KEIN
ANDERER für mich.

NUR ICH KANN FÜR MICH ATMEN!
Kein anderer kann für mich atmen.

Mein Leben ist mein Leben! Es ist nicht das Leben
meines Nachbarn, meines Partners, oder meiner
Eltern. Ich darf schauen, was sie machen, aber in
mir soll dadurch etwas Neues entstehen und dann
wird es meines sein. Durch dieses Lernen kom-

men neue Gedanken. Gott ist neutral, erst ich forme die Energien und mache sie zu gut oder weniger gut. Mein Atem ist neutral. ICH ATME! Was ich dann mit dieser Energie tue, BIN ICH.

Ob ich schlechtes esse, jogge, herumhüpfe, mich belaste, mir Gutes tue - ich entscheide, ob ich mir selbst schaden möchte oder nicht. Ich habe die Verpflichtung mich so gut es geht gesund zu halten, auf mich zu schauen, mein Leben zu ehren, mich an mir zu erfreuen.

Viele Menschen meinen sie müssen sich dauernd trimmen: „Trimm dich, trimm dich, schneller, weiter, mehr, ... trimm dich!", mit dieser Energie kannst du etwas anderes machen.

Das größte Hindernis, den wir haben ist: FALSCHES DENKEN! Unser Denken ist unsere größte Kraft und auch unser größtes Problem.

Unser irdischer, physischer Körper unterliegt unserem Denken, Fühlen und Handeln.

Ich soll Lebensbejahendes und Gutes denken, dann kommt auch Gutes und Lebensbejahendes in mein Leben zurück.

Die Frage ist nun: „Was hat man mir alles in meine Gedanken hineingepflanzt?"

"Wie bin ich gezeugt worden? Bin ich im Mutterleib gepflegt geworden? Hat man sich über meine Schwangerschaft gefreut? Bin ich angenommen worden, als ich geboren wurde?"

Diese vier Fragen, sind wichtig.
Es sind meine 4 Säulen, die mein Leben von Beginn an beeinflussen.

Wenn ich mich heute betrachte,
bin ich WUNDERBAR!

Ich frage mich: „Was kann ich heute noch machen, mit meinem Körper, mit meiner Seele, mit meinem Geist, um etwas zu ändern?"

Schau zurück auf das was mit deinen Eltern war, was sie dir gegeben haben oder nicht und schau was davon noch übrig ist in dir. Egal ob es gute oder schlechte Erinnerungen und Erfahrungen sind. Was auch immer sie dir beigebracht haben oder wofür man dich genötigt hat. Nimm nur das von ihnen an was du brauchst, das was dir nützt und werde DU SELBST.

Du kannst niemals dein Vater oder deine Mutter werden. Ein Jeder ist für sich ein einmaliges Wesen. Werde auch keine Kopie eines anderen Menschen. Ein Jeder ist ein Wunderwerk Gottes! Ein einmaliges Wunderwerk der Quelle.

Zwischen Körper und Seele dominiert etwas: DER GEIST! "Was bedeutet das für mich?"

Vom Geist aus geht es in die Seele und von dort in den Körper und dann wieder zurück zum Geist. Es ist ein ewiger Kreislauf.

Wir haben immer die Chance, alles zu korrigieren! Wir können das durch Meditation, positives, lebensbejahendes Denken, oder besser gesagt durch anderes Denken als bisher erreichen. Wir sollten nur aufpassen, dass, wenn wir etwas Altes auflösen wollen, alles auflösen und verzeihen was war und es nicht einfach wieder nur unerledigt im Unterbewusstsein ablegen.

Beim Mentaltraining wird die Struktur vorgestellt und übertragen und dadurch kann sich dein Leben verändern. Wenn du 2 Jahre in den USA oder in Spanien warst, kommst du verändert zurück. Das geschieht, weil die Luft, die Sprache, das Essen, die Menschen, die Energie und das Klima in jedem Land und in jedem Erdteil anders sind. Dadurch bleibst du trotzdem z.B. ein Österreicher, Deutscher oder Schweizer.

Genauso ist es mit dem Mentaltraining. Das was ist und war, ist noch immer da. Keine Tat wurde dadurch aufgelöst, nur durch mentale Eingaben und Manipulationen verdeckt. Es ist wie wenn du etwas verbrochen hättest und nach Mexiko gingst, wo es keiner mehr Weiß. Das Verbrechen bleibt, du und dein Gewissen wissen es noch.

Deshalb ist es wichtig, alte Strukturen, Manipulationen und Emotionen aufzulösen. Sei dir bewusst, das kann nur deine Seele und das göttliche Sein in dir.

Deshalb sollten wir Altes zuerst auflösen, bevor wir Neues eingeben wollen. Sonst gibst du nur neue Erde auf den alten Mist. Aber der Mist bleibt, auch wenn du ihn nicht mehr siehst. Doch aus diesem Mist kommen immer wieder die Würmer und fressen dir die Wurzeln der frischen Pflanzen (Wünsche) ab oder fressen schon den Samen (guten Gedanken), den du in die Erde über den Mist gesät hast. Außerdem stinkt der Mist unter der frischen Erde. Genau so ist es auch psychisch und seelisch. Wenn wir Würmer in unserem Gehirn und in unserem Unterbewusstsein haben, fressen sie immer alles Neue was wir erschaffen wollen auf.

Wir sollten zuerst die Würmer und den Mist beseitigen. Wenn neue Gedanken nicht im Geistigen einkehren, dann wird das neu Einprogrammierte keinen Bestand haben. Deshalb ist Mentaltraining meistens auch nicht von dauerhafter Wirkung.

Ohne meine Seele kann ich nichts fühlen. Desto stärker und reiner meine Seele ist, desto besser kann ich fühlen und verstehen und desto besser kann ich auch alles wahrnehmen was mein Leben betrifft. Wenn ich vom Geist und von der Seele gelenkt werde, bin ich erleuchteter und habe

mehr bedingungslose Liebe in mir. Die Seele und der Geist leben EWIG.
Dort wo der Geist mehr erleuchtet ist, dort kommt das Leben. Denn das Leben entsteht aus dem Geist.

DER GEIST HAT DIE MATERIE ERSCHAFFEN!

„Was brauche ich?"

Was brauche ich bevor ich denken kann? Ich brauche MICH SELBST! Ich brauche den Geist um zu denken. Was brauche ich damit ich fühlen kann? Ich brauche die Seele um zu fühlen. Ich brauche BEWUSSTSEIN, VERSTEHEN, WEISHEIT und die Schule des Lebens.

„Was nutzt mich alles Wissen, wenn mir die Weisheit fehlt, wenn ich die Lebensschule und das Bewusstsein nicht habe?"

Was ich hier lese ist LEBENSSCHULE UND BE-WUSSTSEINSERWEITERUNG!

Es ist eine Lehre, eine Schule die mir zeigt, wie ich glücklicher, erfolgreicher und gesünder werden kann. Das brauche ich und das brauchen alle Menschen.

Sage dir immer wieder: *„Ich bin! Ich bringe das Licht, das Leben und die Liebe!"*

Irgendwo gibt es etwas, das die Erde erschaffen hat. Das nennen manche Menschen GOTT!
Gott zu definieren ist für uns fast unmöglich. Unser Verstand reicht dafür nicht aus. Unser Bewusstsein, besonders wenn es erweitert ist, kann die unermessliche Weite des Seins erfassen und dennoch nicht wirklich in Worte fassen.
Gott ist aus meiner Sicht heraus, kein urteilender, strafender alter Mann auf einer Wolke. Vielmehr ist für mich Gott eine unendliche Energie, aus der alles entstand, die alles belebt, alles durchströmt, ein ewig leuchtendes Licht, immerwährende, neutrale, alles umfassende Liebe, unendlicher, vollkommener Geist und ewiges Leben. Das alles ist auch in dir ist - als DU!

Folgende Zuordnung, kann ich dir empfehlen:

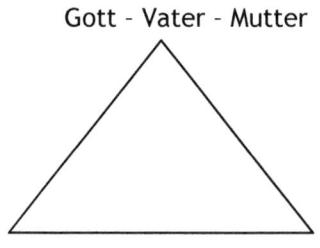

Gott – Vater – Mutter

Seele – Sohn – Tochter   Körper – Frau – Mann

1. GOTT = Geist = Vater + Mutter Gott = Universum = Leben = Licht = Liebe
2. SEELE = Engel = Tochter + Sohn Gottes = Fühlen
3. KÖRPER = Werkzeug = Materie = Frau und Mann = Handeln

Irgendwann hat das Universum angefangen aus sich selbst zu erschaffen:

Als erstes sind aus dem Geist Gottes DIE ENGEL – DIE SEELEN entstanden und mit ihnen das Gasförmige und das Element Luft. Ein Engel ist ein Lichtwesen, ein Wesen aus Licht hat Form und ist vom Geist Gottes durchströmt. So hat Gott gemeinsam mit den Engeln nach dem Element Luft, das Wasser, das Flüssige erschaffen. So hat Gott mit mir „ENGEL", das Wasser erschaffen.
So sollte ich das Element Wasser von Natur aus beherrschen können. Danach wurden Feuer, die Erde und die Materie erschaffen. Überall habe ich als Engel mitgeholfen. Aus all diesen Elementen ist ALLES entstanden, was ich sehen und nicht sehen kann. Ich bin ein Mitschöpfer der Quelle.

Dann schauten Gott und die Engel auf die Erde und dachten: „Oje... ist ja alles so trübsinnig...".
So sandte Gott Engel auf die Erde und sie sind eingekehrt in die Materie, haben von den Mineralstoffen, Spurenelementen und vom Wasser genommen, diese Materie verändert und daraus entstanden Pflanzen und Tiere, dann Menschen.
So haben auch Pflanzen und Tiere, wie alle Menschen einen Geist, eine Seele und einen Körper und der GEIST GOTTES - LICHT durchströmt sie.

GEIST GOTTES – LICHT - IST DIE ENERGIE, DIE UNS ALLE DURCHSTRÖMT. SIE – ES - ER BELEBT UNS!

„Wie sollte ich denken, mit dem Denken, wenn ich ein Denken habe?"

HÖHER – MEHR VERSTEHEND – VORAUS DENKEND – LEBENSBEJAHEND – GLAUBEND – LICHTVOLL – SINNVOLL - SELBSTBEWUSST!

Gott = Geist = Leben = Licht = unser Denken = unser Lebenssinn!

Brauchen wir immer zuerst Unfrieden, Zerstörung, Krankheit, Krieg, Streit, bevor der Mensch beginnt anders zu denken?

Der Mensch sollte lernen eine neue Denkweise und ein höheres Bewusstsein anzunehmen. Wir brauchen vieles was wir meinen zu brauchen nicht!
Wir brauchen UMARMUNG, VERSTÄNDNIS, LIEBE, MITGEFÜHL, FREUNDLICHKEIT, WÄRME, wir brauchen Menschlichkeit, Weisheit, Bewusstseinserweiterung, Natürlichkeit, Wunder und die Lebensschule.

Der allumfassende Geist Gottes macht keinen Unterschied, egal was du hast, was du bist, wie du bist oder ob du Mensch, Pflanze oder Tier bist. Für den Geist Gottes ist alles und jeder gleich. Ihm ist es egal wie dein Name ist, ob du einen Titel hast, reich oder arm, gesund oder krank, schwarz oder weiss, dick oder dünn bist.

Ganz egal ob wir Christ, Jude, Moslem sind oder sonst einer Religion oder Sekte zugehören, wenn wir sechs Minuten nicht atmen, sind wir alle tot. Da können wir uns um den wahren Glauben streiten und Kriege darüber führen wie wir wollen!

Wir brauchen alle den ATEM DES LEBENS, wer auch immer wir sind. Auch wenn du Doktor, Arzt, Millionär, armer Schlucker oder besonders intelligent bist, dieses Gesetz gilt für alle Menschen. Wenn nur eine Sekunde der Geist Gottes das Leben nicht durch uns strömen lässt, ist nichts mehr existent. Egal wer oder was du meinst zu sein.
So wie die Sonne für jeden scheint und es auf jeden regnet, so durchströmt Gott alles und jeden, ob Heiliger oder Mörder. Vor dem Geist Gottes sind alle Wesen gleich.

Obwohl du als Individuum einmalig und einzigartig bist, bist du wie alle vom Geist Gottes durchströmt. Wie du einzigartig bist, ist jeder Mensch auf der Welt einzigartig. Du bist der König, die Königin deines Selbst! Schau dich mal um, gibt es jemanden, der gleich ist wie du?
JEDER IST ANDERS und dennoch sind wir VOR GOTT ALLE GLEICH!

DER GEIST GOTTES GEHÖRT UNS NICHT, ER DURCHSTRÖMT UNS UND ALLES.

Wir sind EINS in ihm als ICH BIN und sind durch ihn in ihm.

„Wo stehe ich auf dem Weg, zur Erfüllung meines Lebens? - Lebenssinnes? Habe ich mir über meinen Lebenssinn schon einmal Gedanken gemacht?"

Irgendwann habe ich sicherlich von innen heraus einen Wunsch gehabt, etwas ganz bestimmtes in meinem Leben zu machen: Heilen, Beraten, eine Weltreise, Heiraten, und tausend anderer Wünsche die wir Menschen so haben.

Wo stehe ich heute mit diesem Wunsch?

Ich darf auf keinen Fall aufgeben, es soll nicht rückwärts gehen, ich möchte einen Aufstieg nach oben machen.

Prüfe dich! Frage dich!
„Bin ich auf der gleichen Ebene geblieben?"
„Bin ich aufgestiegen?"
„Bin ich gefallen?"
„Bin ich vorwärts gegangen?"
„Hab ich Schritte rückwärts gemacht?"
„Glaube ich an meinen Wunsch?"

Wenn du glaubst, du bist rückwärts gegangen oder auf gleicher Ebene geblieben, dann denke nach: „Warum?"

„Welche Erfolge habe ich erzielt?"
„Welche Fähigkeiten und Eigenschaften habe ich gestärkt?"

„Kann ich heute stolzer auf mich sein, als früher?"
„Wo stehe ich auf dem Weg zur Erfüllung meines Lebens / - Sinnes?"
„Habe ich mir über meinen Lebenssinn schon Gedanken gemacht?"

Vielleicht hast du irgendwann den Wunsch gehabt, Lebensberatungen oder Heilungen zu machen, deinen Beruf zu verändern, oder einen Partner fürs Leben zu finden?
Vielleicht hast du sonst einen Herzenswunsch?
Auf keinen Fall darfst du deinen Wunsch aufgeben. Du möchtest den Aufstieg nach oben schaffen, du möchtest dein Ziel, deinen Herzenswunsch erreichen? Dann frage dich all diese Fragen und sei ehrlich zu dir, ändere wenn etwas zu ändern wäre und öffne dein Bewusstsein für das Empfangen deines Wunsches.

Wie sieht es also aus mit deinen Wünschen?
Prüfe und frage dich!

Vielleicht hat es dir bisher nur am nötigen Glauben gefehlt? Vielleicht hattest du zuwenig Begeisterung? Dein Unterbewusstsein ist noch nicht frei für deinen Wunsch? Vielleicht blockierst du dich noch zu sehr mit deinem Denkschema?
ERWEITERE DEIN BEWUSSTSEIN und du wirst mehr als nur Heil und Frieden erhalten!

„Wie möchte ich meine Persönlichkeit verändern? Wie kann ich noch vollkommener und erfolgreicher werden?"

Es ist wichtig die Selbstsicherheit zu stärken, um jegliche Lage in deinem Leben besser zu erkennen und auch „NEIN" sagen zu können, statt immer nur „JA" zu sagen, obwohl du „NEIN" fühlst und denkst. Du lügst dich damit nur selbst an! „JA-EIN" ist keine Antwort und keine Einstellung zum Leben. Ja-ein, heißt nicht ja und nicht nein, so lauwarm kann man dich nicht ernst nehmen. Sag „JA oder NEIN" und das ehrlich! Das Leben kennt kein vielleicht, NUR EIN IST. Vielleicht bedeutet so viel wie nichts und sagt dementsprechend nichts aus.

Du solltest zum Teil gewisse Gewohnheiten ändern, da du wahrscheinlich in einer deinen Gewohnheiten Unordnung hinein gebracht hast und daraus ist eine schlechte Eigenschaft entstanden. ORDNUNG IST HEIL – UNORDNUNG IST UNHEIL!

Ein kleines Beispiel:
Du kommst gerne zu spät. Du kannst lernen pünktlicher zu werden. Durch solche kleinen Korrekturen kannst du viel erreichen. Wer da und dort schlampig ist, ist es auch wo anders. Manche sehen die Veränderung und fragen: „Bist du krank?" und dass nur weil du dich verändert hast. Sie kennen dich mit den unangenehmen Gewohnheiten und wundern sich, wenn du plötzlich

pünktlich bist.

Ein anderes Beispiel: Ist jemand von etwas sehr besessen, ist er FANATISCH. Fanatismus kann auch sein, wenn man etwas zu stark erreichen will und von etwas ganz überzeugt ist. Dabei kann man auch schwachsinnig werden und anderen schaden. Deshalb sagt man auch: „... über Leichen gehen." Es ist genauso gefährlich fanatisch zu sein, wie zornig, alkoholsüchtig, wütend, drogensüchtig, hasserfüllt, ohne Lebenssinn, sinnlos, oder wahnsinnig. Das sind alles Energien, die Unordnung bringen und somit Unheil.

Persönlichkeitsbildung ist wichtig. Dazu brauchst du eine gute Selbsteinschätzung. So kommst du schneller an dein Ziel und auf deine gewünschte Ebene.
Am besten machst du eine Liste mit GUTEN EIGENSCHAFTEN und WENIGER GUTEN EIGENSCHAFTEN! Denke darüber nach und ändere die weniger guten Eigenschaften und stärke die guten Eigenschaften.

Wenn du das getan hast, frage dich: „Wie hat sich dadurch mein Umfeld verändert? Hat es sich so verändert, dass es harmonischer ist? Habe ich dazu beigetragen?"

Deine Ausstrahlung ist sehr wichtig. Wenn du Parfüm aufträgst und in einen Raum gehst, wird man es riechen. Durch deinen Duft, den du mit deinem Sein und deiner Ausstrahlung vergleichen

kannst, kannst du viel um dich herum beeinflussen und verändern. Wenn du mir nicht glaubst,
dann iss einmal ein paar Knoblauchzehen oder
sprühe dich mit Parfüm von oben bis unten ein
und gehe jemanden besuchen!

Wie man sich selbst gibt, so kommt es zurück!
Wie du in den Wald rufst, so schallt es zurück!
Deine Umwelt ist ein Spiegel deines Denkens,
Fühlens und Handelns.

**„Was für ein Image habe ich mir geschaffen?
Was für ein Niveau habe ich? Was spiegelt mir
die Umwelt? Sollte ich da etwas verändern?"**

Wenn du mit Menschen arbeiten möchtest und
Kurse, Seminare gibst oder etwas in der Öffent-
lichkeit tust, dann schaut man auf dich.
Man sollte über dich sagen können, dass du etwas
darstellst. Du solltest deine Einzigartigkeit ausdrücken.

Wie viel hast du dazu beigetragen, dass du dich
vor den Menschen mit einem bestimmten Niveau
gibst? Jeder trägt dazu bei, durch seine Art, das
Niveau der Allgemeinheit zu stärken oder zu
schwächen. Nicht nur in Seminaren und Kursen,
auch bei der Arbeit, unter Freunden und in jeglicher Gesellschaft.

„Was ist (m)ein Lebenssinn?"

DU SELBST hast die Entscheidung zu DEINEM LEBENSSINN getroffen.
Wenn noch nicht, dann solltest du es jetzt tun!

DAS LEBEN GLÜCKLICH ZU LEBEN, IST EIN LEBENSSINN!

Kein Mensch sollte im Alter von über 50 Jahren verkrüppelt, krank, pensioniert, allein oder ausrangiert sein. Keiner sollte Geist, Seele und Körper einfach dahin vegetieren lassen. Der Geist Gottes hat uns alles gegeben, damit wir etwas verändern können und das tun können was wir uns von tiefstem Herzen wünschen.

Sage immer wieder, wenn du irgendwo hin gehst: *„Da bin ich, ich bringe euch/dir Liebe und Licht!"* Das strahlst du unbewusst aus!

Erkenntnis ist die Verantwortung zu handeln um offen zu sein, Geschenke vom Leben zu empfangen und sie zu tragen und damit umgehen zu können.

Frage dich: „Was kann ich zum Wohle der Menschen beitragen?" Achte darauf gesund zu sein, liebevoll und ehrlich zu sein, glücklich zu sein, lebensbejahend zu denken, selbstbewusst zu sein, dann hast du den Menschen schon sehr viel geholfen.

Man hat erkannt, dass wenn Menschen sich längere Zeit mit etwas beschäftigen, es ihr ganzes Wesen annimmt. Der Mensch strahlt es aus. Ist jemand glücklich, so zeigt sich das nach einiger Zeit. Die Seele, der Körper strahlen es aus. Das ist die Ausstrahlung!

Haben die Eltern beim Zeugen eines Kindes eine gewisse Ausstrahlung, so übernimmt das Kind diese. Das wäre dann eine Ebene unseres Seins, die uns übertragen wird.

Rauchen und Trinken ist meistens nicht Nachahmung, sondern Anerziehung.
Wenn ein Huhn ein Ei legt, so ist die Schwingung der Nahrung und wie das Huhn gehalten wird im Ei. Genauso ist es auch beim Menschen.
Unseren Geist und unserer Seele bringen wir mit in dieses Leben. Wir erben den Körper. Vieles im Ursprung unseres Denkens, unseres ständigen Tuns und unseres Glaubens übernehmen wir unbewusst von den Eltern und unseren Vorfahren. Darum ist es ja auch wichtig, wie du gezeugt worden bist und wie die Partnerschaft der Eltern war.

Manche Kinder sind Versöhnungskinder. Die Eltern hatten nach einem Streit Sex um sich zu versöhnen. Daraus entstand oft ungewollt das Versöhnungskind. Sehr oft machen diese Kinder dieselben Zeugungen. Das ist dann diese Urschwingung, die wir mitbringen. Diese Schwingungen werden tief in unserem Bewusstsein abgelegt. Das kannst du alleine nicht verändern. Kein Psychologe kann das verändern. Niemand kann das für dich auflösen. Nur du, in der Einheit mit dem göttlichen Geist und deiner Seele, kannst du diese Urschwingung lösen.

Die Seele ist bereits bei der Zeugung dabei. Zuerst sendet meine Seele eine Zellseele in die erste Zelle und dann in jede neue Zelle, eine Zellseele nach der anderen, bis die einzelnen Zellen ein Organ bilden. Erst dann sendet die Seele eine Organseele in das Organ. Wenn alle Organe fertig gebildet sind, alle Organseelen im Körper sind und der Organismus fertig ausgebildet ist, kommt erst die große Hauptseele in den Körper.
Dann ist alles in uns drinnen, was wir sind:
1 Hauptseele
1000 Organseelen
140 Billionen Zellseelen

Diese große Seele die wir sind, wird vom Geist gesteuert und die Seele steuert den Körper.
Der Geist Gottes in uns steuert jetzt die Seele, damit sie uns steuert, aber nur 95 % aller unserer Vorgänge (Herz, Lungen, die Organe), die restlichen 5 % steuern wir mit Einwirkung durch unseren Geist, in dem wir uns selbst Befehle geben (Muskeln, Arme, Beine).

Wenn ich immer sage: „Ich bin dumm!", dann wird die Seele versuchen das zu manifestieren. Deshalb ist es besser zu sagen:

„Ich bin intelligent, ich bin gesund, ich kann, ich will, ich bin ...!"
Das ist das Steuern unserer seelischen Organe, durch UNSEREN BEWUSSTEN GEIST.

So funktionieren unsere seelischen oder eigenen Führungen:

1. die seelische Führung:
   Wenn du keine Waffe bei dir hast und mich erschreckst, ist meine Reaktion meistens nur „erschrecken". Es passiert nichts.
   Hast du aber ein Messer bei dir, ohne das ich es bewusst sehe, schlag ich zu und wehre mich unbewusst.
   Woher weiß ich das?
   Die Seele weiß es!

2. die eigene Führung:
   Ich gehe nach vor, ich gehe rückwärts, geradeaus oder seitwärts, wenn ich möchte. Das bedeutet ich kann mir Befehle geben und mein Körper folgt mir. Genau so funktioniert es im Geistigen. Dazu brauche ich Ziele und wenn ich Ziele habe, dann kann ich beginnen etwas tun. Ich brauche Disziplin, Ordnung und meine eigene Führung.

„Wo will ich meine Persönlichkeit hinführen?"

Du solltest wissen was du willst und fragen:
„Was kann ich für das Ziel alles tun?"
Beten allein reicht nicht, Engel aussenden allein
nützt auch nichts. Ich kann nur selbst etwas dafür tun. Ich kann irgendwo hingehen um mein
Ziel zu erreichen, doch das Irgendwo ist sehr
groß, es reicht vom Himmel bis zur Erde. Ich
kann mir überlegen wo ich mit mein Ziel beginnen möchte. Wo beginne ich als erstes? Ich beginne als erstes bei mir! „Wo bin ich?

Wo stehe ich im Moment?" Von hier aus versuche
ich von mir näher zu meinem Ziel zu gehen. Ich
suche nach höherem, meinem Ziel näherem,
nicht nach weniger und unter mir liegendem.
(z.B. suche ich keinen Partner in einem Park für
Alkoholiker, ich suche keine Nahrung in der Müll-
abfuhr oder aus dem Abfallkübel).
Suche etwas, das gleich ist wie du, oder etwas
Besseres.
Es ist wichtig zu wissen wo ich hingehe und wo
ich hingehen will. Es soll auch immer meinem
Niveau entsprechen oder besser sein!

Du kannst nur Schritt um Schritt aufsteigen, irgendwo sind deine Grenzen. Geh nicht zu hoch
hinauf.

Du kannst nur von dort aus gehen, wo du jetzt
bist und dort hin denken wo du hin gehen willst.

Das Leben ist wie ein Theater, du solltest lernen der Direktor / Regisseur deines Stückes zu sein. Die Erde ist die Bühne, im Himmel sind die Zuschauer.

ORDNUNG IST HEIL.
In der Ordnung sind Disziplin, Erfolg, Gesundheit, Reichtum, Glück, Freude und alle guten Eigenschaften, ansonsten bist du im Unheil, in der Unordnung. In der Unordnung und Disharmonie, wird dir immer alles zusammenbrechen, was du aufbaust.

Sehe dich und alle Menschen, denen du begegnest als Engelwesen und Mensch an und freue dich, dass du bist und sie da sind, egal wie du bist oder wie sie sind.
Wir sind EINS in dem Atem Gottes, des Menschen und der Tiere und des ganzen Kosmos.
Wir wünschen dem, der unter der Brücke schläft, viel Liebe und Licht, vielleicht findet er dadurch wieder einen Weg aus seiner Situation heraus.
70 % der Obdachlosen sind sehr intelligent und haben durch verschiedene Schicksalsschläge kein Dach mehr über dem Kopf. Wir sollten immer nach oben greifen und den Unteren mit uns hinaufziehen.

Durch den Geist und die Seele wird der Körper geleitet. Die Sinnesorgane sind die Spione der Seele und die Seele verändert immer etwas, wenn sie durch die Sinnesorgane Informationen bekommt. Du hast Augen, Ohren, Nase, Gaumen,

Haut, Geist und dadurch Sehen, Hören, Riechen, Schmecken, Fühlen und Denken.
DAS WICHTIGSTE SINNESORGAN IST DER GEIST MIT DEM DENKEN. ER IST DIE NR. 1.
Um im Leben etwas zu erreichen, sollte ich meinen Geist unter meine eigene Kontrolle bringen und wissen was ich tun will.

Ich kann nicht sagen: „Ich will eine Prinzessin oder einen Millionär heiraten!" und dann unter eine Brücke gehen und um nach ihnen zu suchen. Besser ist es, ich gehe dort hin, wo es Prinzessinnen oder Millionäre gibt, wo ich einem von ihnen begegnen könnte.

Die erste Frage ist: „Was will ich machen und wie will ich es machen?"
Die zweite Frage sollte lauten: „Mache ich es nur für mich oder auch zum Wohle der anderen?"

Am besten ist es immer ZUM WOHLE ALLER etwas zu tun!

Wenn du eine Lebensberatung machen willst, solltest du wissen, wie will ich den Menschen helfen? Mit autogenem Training, Geistheilung, Atmung, Reiki, oder mit etwas anderem? Du solltest wissen wofür du geeignet bist! Kannst du besser reden, Liebe geben, Licht senden, hin hören, beraten, analysieren, rechnen, schreiben, musizieren, malen?

Wenn du Frieden haben willst, solltest du wissen, wo bin ich selbst in Unfrieden und wie kann ich Frieden in mir und um mich verbreiten. Zuerst beginne am Besten immer bei dir.
ALLES FÄNGT BEI DIR AN!

Du sollst den Mut haben dich zu verändern, wenn du siehst das ist nicht dein Weg.
Du sollst den Mut haben zu sagen, ich gehe andere Wege als bisher.
Du sollst den Mut haben auf neuen Wegen zu gehen, egal was bisher war.

Du brauchst dafür nicht nur Mut, sondern Disziplin und absolute Ordnung, geistig und seelisch. Sonst schaffst du die Veränderung nicht.

In die Ruhe kommen, in sich gehen, sich verbinden mit der INNEREN FÜHRUNG, das ist sehr wichtig für alles was wir tun wollen. Dazu brauchen wir die MEDITATION.

In der Meditation verbinden wir uns mit unserem Geist und mit dem göttlichen Geist und sollten mit Geist und Seele EINS werden. Hier können wir herausfinden, wo wir hingehen wollen, was zu tun ist und können einen inneren Dialog mit uns führen, uns besser spüren und erkennen wo wir sind und was wir verändern können, um dies oder jenes zu erreichen. In der Stille können wir unsere Gespräche mit dem Schöpfer in uns führen und erbitten, wünschen und wie man es so schön nennt, beten.

Manche Gebete werden nicht erfüllt, weil sie im Geiste zu oberflächlich sind. Du kannst nur von Herzen beten, es soll ein Herzenswunsch sein. Kein betteln und flehen. Du solltest genau dann beginnen, wenn du daran denkst. Jedes Denken ist eine kleinere oder größere Meditation und jeder Gedanke versucht sich zu verwirklichen.

Das linksseitige Denken ist oberflächlich und hat überhaupt keine Wirkung. Ich sollte immer mehr mit meinem wahren Geist denken, nur dann hat mein Gedanke Kraft. Das wahre Denken ist unser HERZENSDENKEN. Wenn du denkst „Soll ich eventuell aufstehen?", ohne dass du einen Grund dafür hast oder es gar nicht willst, wirst du es nicht tun. Das wäre rechtsseitiges Denken. Aber hast du einen Grund aufzustehen und möchtest es, und denkst: „Ich stehe jetzt auf!", dann wirst du es tun, weil du es mit deinem wahren Geist gewollt hast. Dann aktivierst du deine Seele und sie bewegt deinen Körper. Wenn ich sage: „Ich tue es!" dann tust du es.

Es ist ein Befehl an meine Seele und sie macht alles was ich ihr befehle. Auch in der Meditation ist das wichtig, dass ich meine Seele führe, damit sie weiß, was sie zu tun hat. Auch im Leben ist es wichtig, dass ich sage wohin ich gehen will, damit meine Seele etwas für mich tun kann.

ICH BRAUCHE für alles EIN MOTIV!

Ein Motiv haben wir immer. Du gehst, um etwas zu tun oder zu holen, du gehst zum WC, weil die Blase drückt, du hebst ein Glas, weil du etwas trinken möchtest, du kochst, weil du Hunger hast, du machst dieses und jenes, nur weil du etwas möchtest. Hast du keinen Grund, dann wirst du nichts tun! So ist es mit allem und überall! Du brauchst immer ein Motiv oder einen Grund um etwas zu tun.

So ist es mit der Zielsetzung und der Planung. Sie allein nutzen dir nichts, du brauchst immer das Tun. Ohne Ziel irrst du umher.

Sage: *„Ich tue es ...!"*, dann tu es und sag auch warum du es tun willst. Am besten ist immer wenn du etwas zum Wohle des Menschen / der Menschen tust. Wir sollten immer Motive haben und sie dann definieren, erst danach kann sich der Geist und die Seele entfalten und erweitern.

Wir wollen den Geist erweitern und erhöhen. So groß, dass er mächtig wird, weil er mit dem Schöpfer verbunden ist. Dann wirkt Gott in und durch uns.

Ich sage: „Ich möchte jetzt rechts gehen!"
Warum?
„Weil ich dort .. dies und jenes .. tun will!"
Wenn du keinen Grund hast, würdest du es nicht tun wollen.

Und so ist es in der Meditation, beim Beten, in Beziehungen, bei der Arbeit, beim Wünschen, bei

Zielen und im LEBEN. Wir brauchen immer einen Grund, ein Motiv.

Ein Bergsteiger möchte auf einen Berg steigen. Was braucht er?
1. Sich selbst. Er muss eine gesunde Seele, einen gesunden Geist und einen gesunden Körper haben. Mit einem Fuß geht's nur sehr mühsam über Stock und Stein.
2. Er braucht eine Ausrüstung und sollte damit umgehen können.
3. Er überlegt: „Wann steig ich auf den Berg?" Er braucht dann die passenden Kleider, er sollte wissen wie viel Zeit brauche ich hin und zurück, wie viel Proviant ist nötig und vieles mehr.

Er hat eine Menge vorzubereiten und zu wissen. Das kann lebenswichtig für ihn sein!
Umso kleiner der Berg, umso weniger braucht er davon.

So wie der Bergsteiger, kannst auch du deinen Weg – deine Ziele - deine Pläne vorbereiten.

Je größer deine Wünsche und Ziele sind, je mehr Vorbereitung braucht es. Umso kleiner sie sind, umso weniger Planung brauchst du.

Ein kleiner Fehler kann für manchen Bergsteiger den Tod bedeuten.
Denk dran, ein jedes Wort, das du sprichst, ein jeder Gedanke, den du denkst, kann über Leben

und Tod entscheiden. Bei dir selbst und bei den Menschen die dir zuhören. Es ist immer deine Verantwortung.

Erst wenn alle diese Vorbereitungen getroffen sind, kann man los marschieren und nimmt am besten den geraden Weg, den schnellsten Weg.

Wenn etwas im Weg steht, bleibt uns nichts anderes übrig als auszuweichen. Du darfst deswegen nicht das Ziel vor Augen verlieren. Der Bergsteiger würde immer versuchen um das Hindernis herum zu gehen und es zu besiegen. Er würde deswegen nicht umkehren oder gar stehen bleiben und den Gipfel aus den Augen verlieren. Auch du solltest, egal was für ein Problem auf deinem Weg auftaucht, das Ziel nicht aus den Augen verlieren. Es kann sich nur zeitlich verzögern.

Wir sollten lernen, den Geist zu entfalten und weiter hinaus zu denken. "Ich möchte mein Bewusstsein erweitern."

Probieren wir's gemeinsam:

Denke an eine KAMILLE!

Was kann ich alles damit machen?

Wir könnten mit der Kamille Tee, Bäder, Tinktu-
ren, Cremen, bis zur Aromatherapie und vieles
mehr herstellen.
Du riechst die Kamille, nimmst ihren Duft wahr,
ihre Schönheit, ihre Heilkraft – versuche sie mit
all deinen Sinnen ganz wahr zu nehmen. Genau
so solltest du es machen um die Kamille in deinem ganzen Bewusstsein auf zu nehmen. Dabei
solltest du weiter hinaus denken und deinen
Geist entfalten, damit sich dein Bewusstsein erweitern kann.

Manchmal hast du einen Blumenstrauß in der
Hand und verstehst nicht einmal was jede einzelne Blume alles kann, wie jede einzelne Blume
für sich schön ist und ihren eigenen Duft ver-
strömt.
Genau so ist es oft mit Seminaren und Kursen die
du besuchst, du hast zehn gemacht und hast immer noch nicht verstanden!

Du solltest so nach und nach mehr verstehen und
erkennen lernen, tiefer hinein fühlen, dich für
mehr öffnen, mehr sehen und verstehen lernen,
DAS IST BEWUSSTSEINSERWEITERUNG.

Nimm eine Blume (mehrere können sogar im Ge-
samten stinken) und versuche sie richtig wahr zu
nehmen, zu verstehen, sie ganz aufzunehmen. Es
ist wie mit Freunden. Du kannst viele haben,
aber nur wenige wirklich kennen und ihnen deine
Zeit schenken. Versuch eines nach dem anderen

zu verstehen und zu begreifen, dann erst solltest du weiter gehen.

Wenn du an die Kamillen-Creme denkst, da könnte eine Kettenreaktion an Gedanken, Phantasien, Vorstellungen, Möglichkeiten und Bewusstwerdungen entstehen.

Du kannst an so viel denken: Man braucht zur Herstellung von einer Kamillen-Creme Döschen, Mittel, Kamille, Chemie oder nicht, allerlei Zutaten, Etiketten, Verpackung und je nach Creme dies und jenes dazu.
Willst du Cremen herstellen zum Beruf machen und diese Kamillen-Creme vertreiben, dann kostet eine dieser Dosen nach deiner Rechnung so und so viel. Du hast aber jetzt das Geld nicht, diese Dosen in größeren Mengen zu produzieren. Also, machst du eben nur 5 Dosen und verdienst damit das Geld für weitere 20 Dosen und mit dem Geld dann die weiteren 40 Dosen. Wird deine Kamillen-Creme ein Renner, kannst du sogar Millionen verdienen. Dann bist du Millionär/in! Alles nur, weil du an eine Kamille und dann an eine Creme gedacht hast?
DAS IST BEWUSSTSEINSERWEITERUNG!

Du solltest, wenn du eine Idee hast nicht warten, bis du heiratest oder endlich deine Millionen im Lotto gewonnen hast. Wenn du eine Villa willst, oder ein Buch schreiben, Kurse geben oder berühmt werden willst, warte nicht, du hast alles was du brauchst, du hast DICH ! Fang einfach damit an.

Wenn du oberes Beispiel ansiehst, dann kann dir eine kleine Kamille, die dir irgendwo zu Gesicht gekommen ist, viele Wege zeigen. Es können sich dadurch viele Möglichkeiten auf tun, viele Ideen entstehen oder sogar Veränderungen in deinem Leben geschehen.

Wie viel mehr als nur eine Kamille siehst du den ganzen Tag?
Wie viele Wunder begegnen dir den ganzen Tag?
Neue Möglichkeiten? Neue Ideen?
Wie viele hast du wohl bisher übersehen oder gar nicht wirklich erkannt?
Vielleicht hast du dir auch nie Gedanken darüber gemacht? Dann fang jetzt damit an.
WERDE BEWUSSTER!
Entscheide dich für etwas.
Wer sich nicht entscheidet, erstickt in seiner eigenen Idee oder in seinem eigenen Wunsch.
Wenn du keine Zielstrebigkeit hast, hast du kein Ziel. Du solltest dir bewusst sein:
„WAS WILL ICH?"

„Wo ist mein Lebenssinn?"

Sei überzeugt von deinem Wunsch, deiner Idee, deinem LEBENSSINN und überprüfe ob du ihn auch gehen kannst. Du solltest nicht Luftschlösser bauen, dir bewusst sein über dich selbst und

Vertrauen in dich haben, dass du es schaffen kannst. Ohne nichts, wird nichts! Nur durch das Dasitzen, Tagträumen und hinauf sehen zum Gipfel, wirst du nicht auf dem Gipfel des Berges stehen. Nur wenn du gehst, kommst du am Gipfel an! NUR DAS TUN FÜHRT ZUM ERFOLG!

Beginne HEILBRINGENDE, LEBENSBEJAHENDE GE-DANKEN zu denken. GLAUBE AN DICH und deine Fähigkeiten. Sei dankbar, dass du gehen, sehen, reden, fühlen, atmen, denken und spüren kannst. SEI DANKBAR – DU LEBST! Das sollte das Erste sein, bevor du dir über Make up, Friseur, Rasur, Schuhe, Kleidung, Körpergewicht und dergleichen Gedanken machst.

Freue dich, dass DU BIST, dass du Hände, Beine, Augen hast, sehen, hören oder gehen kannst. Das sind bereits große Geschenke, die nicht jeder Mensch hat. Freu dich über dein Gesicht bevor du über dein Make up herumjammerst. Sei dankbar für die tägliche Nahrung und Auswahl, bevor du dich über die Anzahl deiner Teller beklagst. Sei dankbar für deine Füße, bevor du dich aus Schönheitsgründen in zu enge Schuhe zwingst. Sei dankbar, dass du am Morgen wieder erwachen durftest, bevor du den Tag schon verdammst. Habe heilbringende Gedanken, denke lebensbejahend und handle danach.
Sei dir deiner Geschenken im Leben bewusster!
Sei BEWUSSTSEINSERWEITERND UND DANKBAR!

Verstreut, ungesund, unharmonisch ist:
Du denkst an deine Gläser und Teller. Versperrst die Besten in den Schrank, für ganz besondere Anlässe, sogar wenn Besuch kommt, stellst du nicht die kostbarsten Gläser und Teller auf den Tisch. Sie könnten kaputt gehen. Du selbst isst aus dem verkratztesten, ältesten Teller und trinkst aus einem billigen Senfglas. Du hast Angst, dass dein schönes Geschirr in Brüche geht und traust dich deshalb nicht das Schönste für dich und deinen Besuch zu verwenden, statt dankbar zu sein für die Nahrung, das Wasser, den Besuch, dich selbst und dem Geschenk des Lebens, dass du überhaupt solch schönes Geschirr verwenden kannst. Wenn du nicht mehr bist, brauchst du das Geschirr nicht mehr!

Heilbringend, gesund, lebensbejahend ist:
Du freust dich, dass du ein Auto hast und mit ihm fahren kannst, auch wenn das Benzin teurer geworden ist, du bist dankbar, du kannst dir immerhin ein Auto leisten.
Du freust dich, dass du mit dem Auto oder Bus zur Arbeit fahren kannst. Du brauchst nicht zu laufen, auch wenn die Ampeln mal wieder auf rot sind und dein Busnachbar noch verschlafen in die Welt schaut, du bist dankbar, dass du nicht laufen musst.
Freue dich über das was du hast, als dich über die Kleinigkeiten die dich gerade stören zu ärgern.

HEILBRINGEND ist es, zu versuchen den Mitmenschen zu verstehen und dich zu freuen, dass du auf diese Erde zu den Menschen LICHT UND LIEBE bringen darfst. Verstreute Gedanken sind, wenn du dich ärgerst, weil die Menschen nicht so sind wie du sie gerne haben willst, statt dass du sie einfach annimmst, wie sie sind.

HEILBRINGEND ist es, sich zu freuen und dankbar zu sein, man lebt, auch wenn man im Moment nicht ganz zufrieden ist mit seiner Figur, mit den eigenen Leistungen und Umständen im Leben. Ungesunde Gedanken sind, sich selbst zu kritisieren, an sich selbst herum zu nörgeln und dabei das Wirkliche im Leben zu übersehen.

Die meisten Menschen brechen zusammen und kommen mit ihrem Leben nicht zurecht, weil sie Katastrophen mit ihren Gedanken erzeugen, oder ihr Leben von äußeren Einflüssen bestimmen lassen.
Eines Tages lernst du einen Menschen kennen, oder hast ihn kennen gelernt, der dein Leben bereichert. Das ist ein Weg in deinem leben, aber nicht dein Lebenssinn. Der Lebenssinn ist das, was du selbst in dir trägst, nicht dein Ehemann, deine Ehefrau, deine Kinder, dein Chef, dein Lehrer oder dein Partner. Die Seele kommt direkt aus dem göttlichen Sein, aus dem Himmel und hat sich hier auf Erden inkarniert.

Nach 9 Monaten Schwangerschaft schlüpft ein Wunder aus. Dieses Wesen kommt ganz alleine auf die Welt. Es lernt die Mutter, den Vater und eventuell seine Geschwister kennen, sie werden die ersten Wegweiser des Engelchens auf Erden sein. Auf ihren Wegen wird das Neugeborene als erstes gehen. Es braucht die Liebe und die Menschen um sich herum. Es braucht jemanden zum überleben. Aber der Sinn des Lebens liegt im Kind selbst. Jedes Wesen hier auf Erden kann seinen Sinn des Lebens nur *„all-eine"* leben. Wo auch immer du gerade im Leben stehst, du hast bis hierher eine Menge kennen gelernt: Menschen, Dinge, Worte, Gebräuche, Hobbys, Berufe, doch als Mensch bist du immer *„all-eine"* für dich verantwortlich, niemand kann für dich sehen, hören, gehen, atmen, essen, trinken – nur DU selbst!

Den meisten Menschen fehlt es an der Lebensschule. Es ist die Schule, die uns über das Leben erzählt, die Schule der Weisheit, die Schule der Seele und des Geistes. Wir haben überwiegend gelernt, linksseitig zu denken. Wir wurden gelehrt in Rechnen, Schreiben, Geschichte, Wirtschaftskunde und in all dem anderen, schulischen Wissen. Zu fühlen, zu verstehen, zu lieben, zu leben oder gar zu meditieren hat man uns nicht beigebracht. Das rechtsseitige Denken wurde kaum jemandem geschult. Doch es ist das, was das eigentliche Leben prägt. Denn bevor wir rechnen und schreiben können, ist es sehr wichtig, zu verstehen, dass wir zuerst uns selbst brauchen und wir leben und atmen dürfen. Auch ein Vater und eine Mutter eines Kindes, sollten sich solcher Dinge bewusster sein. Sie sollten wissen wie sie sich zu verhalten haben, um es dem Kind weiter zu geben.

Ein kleiner Spatz weiß ohne Abitur was er zu tun hat. Jedes Jungtier weiß was es zu tun hat. Warum soll der Mensch das nicht wissen? Ist er dümmer als ein Spatze und die anderen Tiere? Dein Herz schlägt nur für dich! Das ist Bewusstseinserweiterung! Um das zu verstehen, brauchst du keinen Doktor oder Professor zu machen.

Warum hat Gott diesen Engel auf die Erde gesandt?
„Warum bin ich hier?" – „Was will ich hier?" –
„Warum bin ich auf die Erde gekommen?" –
„Was hat Gott mir für einen Auftrag mitgegeben?" – „Was ist mein Lebenssinn?"

Und Gott sagt: „Wie geschrieben steht mein Kind, ihr könnt mich nicht sehen, wie wollt ihr mich verstehen. So sandte ich ein Engelchen und das formte die Materie. Wie einst Jesus Christus (= ich bin göttliches Bewusstsein) so bist auch du. So kann ich in und durch dich wirken und mich auf Erden zeigen. So kann ich Liebe und Licht auf die Erde bringen, um ein kleines Paradies zu schaffen."

Die Schöpfung schenkte uns die Berge, Täler, Seen, Flüsse, Meere, Landschaften, die Pflanzen und Tiere – ein Paradies, ein JUWEL NAMENS ERDE. Er machte uns mündig, um mit Ihm zusammen dieses Paradies zu schaffen und zu genießen. Aber wir sind *hab-gierig* geworden, haben vergessen wer wir sind und machen dieses Paradies kaputt.

Wir machen aus dem Paradies eine Hölle. Das ist unser Werk, das Werk des Menschen und nicht das Werk Gottes und seiner Strafen über uns. Der Mensch denkt und Gott lenkt. Wir machen Katastrophen, Kriege, Umweltverschmutzung, beuten die Erde aus, schlagen sie, verwüsten sie und können nicht genug bekommen von Geld, Macht und Besitztum. Himmel und Hölle sind nur zwei verschiedene Bewusstseinszustände und wir entscheiden, ob dies ein Paradies sein soll oder die Hölle (die es nicht gibt).

Wir entscheiden mit unserem DENKEN, HANDELN UND TUN, wo wir lieber leben.

Deshalb brauchen wir einen Lebenssinn.
Wir sollten lernen zu sein, so dass, das Göttliche durch und in uns wirken kann. Denke mit Weisheit, fühle in Liebe und handle danach.

Du sollst durch deinen Geist das Licht auf diese Erde bringen. Das ist im Geiste leuchten.
Gott ist ein ewiges Licht, ein unendlicher Geist, der in jedem von uns lebt als wir selbst. Er ist nicht außerhalb von uns.

Deine Seele soll flammen vor Liebe um diese hier auf die Erde zu bringen. Licht und Liebe zu empfangen und weiterzugeben, das ist unsere Aufgabe, ein sehr lohnender Lebenssinn. Desto mehr wir in der Liebe und aus der Quelle allen Seins handeln, desto schöner und lebenswerter wird das Leben.

Trägst du Gottes Licht und Liebe in dir, wirst du zu allen Menschen lieb sein können und sie verstehen, egal wie diese Menschen sind. Dann wird DEIN SINN DES LEBENS größer sein. Dann hat alles in deinem Leben einen Sinn. Alles was du tust soll sinnvoll sein, sonst hast du deinen Lebenssinn nicht verstanden.

So hänge dein Lebenssinn nicht an deine Kinder, deinen Partner, deinen Beruf, oder deine Besitztümer. Denn wenn sie nicht mehr sind, gehen oder sterben, stirbst du fast mit; das ist aber nicht deine Aufgabe. Das solltest du nicht tun! Sei dankbar für die Menschen die mit dir durch dieses Leben gehen, aber jammere nicht, wenn sie eines Tages gehen werden. Es ist nicht dein Lebenssinn zu jammern, zu trauern und zusammen zu brechen. Du kannst nicht mit jemand, der diese Ebene wechselt mitgehen. Sonst musst du mit diesem Menschen ins Grab steigen, dich lebend begraben lassen, das ist fast dasselbe. Es ist nur die Gewohnheit, aber nicht dein Lebenssinn, dass dir der Mensch dann fehlt. Wenn du nicht lernst nach einer gesunden Trauer loszulassen, bist du arm und warst noch nie in deinem

Leben wirklich reich. Erst wenn du dein Lebenssinn gefunden hast, bist du reich!
Weine deine Tränen, wenn du jemanden ver-
lierst, aber gibt dich selbst nicht auf. Egal ob es
durch Scheidung, Verlust, Tod oder durch eine
Veränderung im Leben geschieht, dein Leben
geht weiter! Das Leben ist VERÄNDERUNG. Es ist
nicht dein Lebenssinn dich dadurch aufzugeben,
sondern viel mehr die Aufgabe dich dadurch weiter zu „ent-wickeln".

Ehre das, was unter dir ist!
Ehre das, was über dir ist!
Ehre den, der vor dir steht!

Das wenigste wurde erforscht. Egal ob das was in
der Erde ist, im Himmel, um uns, sichtbar und
unsichtbar. Was auch immer bewusst in unserer
Seele ist oder in unserem Geist, wir wissen kaum
etwas darüber und dennoch suchen wir immer
noch tiefer hinunter, noch weiter nach oben und
versuchen nach den Sternen zu greifen. Doch in
uns selbst gehen wir nicht.

Wer sich selbst nicht kennt, soll nicht nach den
Sternen greifen, in den Tiefen der Ozeane suchen
und das Reich der Engel erforschen. Zuerst kommen immer wir und wir brauchen uns immer
selbst. Deshalb sollten wir auch als erstes uns
selbst erforschen, kennen lernen und verstehen
lernen.

Die Erde ist unsere Heimat, solange wir Mensch sind. Wenn die Erde nur ein paar Minuten bebt, kann alles um uns herum zerstört sein. Du stehst direkt auf ihr. Du hast alles aus ihren Elementen erschaffen. Du bekommst Nahrung und zu trinken von ihr. Tritt sie nicht mit deinen Füssen. Habe Dank dafür, dass sie ist. Ehre sie, denn sie ist das was unter dir ist.

Der Himmel, die Sterne, die Weiten des Weltalls - wie wunderbar und schön sie doch alle sind. Die Wolken die vorbeiziehen, die Sonne die uns Wärme und uns Licht gibt. Wenn die Sonne zu lange und intensiv strahlt, verbrennt alles auf der Erde. Wenn die Wolken zum Regen brechen und es wochenlang regnet, versinkt alles im Wasser. Sei dankbar für das was über dir ist, ehre es.

Du weißt niemals wer vor dir steht. Du siehst nur die Hülle. Du kennst die Seele des Wesens nicht, das dir gegenüber ist. Vielleicht ist es eine weise Seele, ein inkarnierter Meister, ein Heiliger – du kannst es nicht sehen. Du weißt nicht mal, wer du selbst bist. Welche Seele steckt in dir als du selbst? Welcher Engel hat sich in deinem Körper inkarniert? Du weißt es nicht! Vielleicht bist du selbst ein heiliges Wesen und weißt es nicht. Deshalb ehre wer du bist und tue dasselbe mit dem, der vor dir steht.
Wir sind alle GÖTTLICHE WESEN und haben es nur vergessen!

Vier Elemente haben Gott und die Engel (wir) geschaffen. Das ist alles so gigantisch, dass es von Elementarwesen gesteuert wird. Elementarwesen die uns eigentlich unterstellt sind. Doch wir sind nicht mehr in Harmonie mit den Elementen, weil wir sie durcheinander gebracht haben. Sie sind in Unordnung, wie der Mensch es in der Masse ist. Sie haben uns den Kampf angesagt. Die 4 Elemente bäumen sich auf und wehren sich gegen ihre Peiniger. Schau in die Welt! Öffne deine Augen und schau dir die Wahrheit an.
ERKENNE SELBST! Stürme, Überschwemmungen, Erdbeben, Waldbrände, Lawinen, Dürre, Vulkanausbrüche und Naturkatastrophen – sie wehren sich gegen unser Regime.

Wir können nur hoffen, dass die Tierseelen nicht anfangen sich zu wehren. Obwohl, schau hinaus: BSE, Vogelseuche, sie haben auch schon angefangen sich zu wehren. Haben sie nicht das Recht dazu, so wie wir mit ihnen umgehen und sie benutzen?

Wir brauchen KEINE ANGST davor zu haben. Wir könnten endlich unsere SCHÖPFERKRAFT wieder gebrauchen. Wir können uns durch unsere Gebete, Gedanken, Meditationen und Taten mit diesen Wesen vereinen.

"Was habe ich im Leben mitbekommen und was habe ich gelernt?“

Wir sollten wieder die Verantwortung für unser Tun und nicht Tun aufnehmen. Wir dürfen nicht blind durchs Leben gehen. Wir sollten wieder lernen zu verstehen und die Welt und das Geschehen auf ihr zu hinterfragen. Wenn wir entdecken, dass etwas nicht in Ordnung ist, sollten wir unsere Kräfte gebrauchen, um dort wieder Ordnung zu schaffen. Du denkst: „Ich alleine kann doch nichts tun?" Doch, du kannst! Beginne DU - wenn du nicht beginnst, wer dann sonst? Nur du kannst für dich atmen und nur du kannst als TEIL DES GANZEN für das Ganze etwas tun. Auch das ist einer unserer Lebenssinne und Aufgaben im Leben.

Die Elemente sind da und Gott hat uns den Köper und die Seele gegeben. Wenn Gott MIT MIR und all den anderen Seelen in den Körpern und außerhalb der Körper die Elemente geschaffen hat, dann müssen wir mit ihnen eins sein und die Elemente beherrschen können.
Wir können es nicht, weil wir seit Millionen von Jahren die Seele ganz verdrängt haben. Wir haben vergessen wer wir sind. Wir haben vergessen, dass wir Mitschöpfer Gottes sind. Wir sind aus der Harmonie des Seins gerutscht und dürfen uns dort wieder einordnen, durch UNSEREN GLAUBEN daran.

Wir werden manipuliert und in ein Bewusstsein hineingeführt, das wir für andere sein sollen. Was ist aber mit meinem Geist der EINS ist mit dem Geist Gottes?

Ich kann meine Gedanken und den göttlichen
Geist miteinander verbinden, dann werde ich
EINS mit GOTT und dann kann Gott in und durch
mich wirken. Erst dann habe ich wieder die Elemente unter meiner Kontrolle. Es wäre meine
Aufgabe, über den Elementen zu stehen. Aber
heute hat sogar das Handy, der Computer, die
Uhr über mich Macht. Ich gebe die Macht ab und
verliere die Kontrolle über die von uns geschaf-
fenen Dinge.

Ich muss lernen mich mit dem Geist Gottes und
meinem eigenen Geist zu verbinden. Dann kann
ich mit der Verbindung zu Gott fast alles tun.
Dann kann ich heilen, schöpfen, helfen, stark
sein, glücklich sein, in Frieden sein, reich sein
und den Sinn des Lebens verstehen. Wenn ich
daran glaube und mit dem Geist Gottes EINS
werde, kann ich Dinge erleben und tun, die für
mich selbst noch unglaublich zu sein scheinen.
Wir müssen wieder lernen, an uns und den allumfassenden Geist zu glauben. Nur dann funktioniert es, dass ich wieder über die Elemente ver-
fügen kann und sie mir zur Hilfe kommen werden.

Ich sollte wieder lernen die Materie zu beherrschen. Ich brauche dazu nur Disziplin und starke
Konzentration - nicht die Materie soll mich beherrschen. Alle Materie wurde vom Menschen
erschaffen und ist somit uns untergeben. Und
dennoch sollten wir die Materie, die Elemente

lieben und küssen, es sind unsere Kinder, unsere Schöpfungen.

Bewusstseinserweiterung bringt hervor, dass wir selbst Gottes Menschen werden, Kinder des allumfassenden Geistes, was wir in Wahrheit auch sind. So kann der Geist Gottes der in mir ist als ICH, durch mich und in mir wirken. Wenn ein Mensch uns etwas fragt und wir fest daran glauben, dass wir EINS MIT GOTT sind, dann wird der göttliche Geist durch uns antworten.
Gott wirkt in dir und durch dich, ob du nun die Hände auflegst, redest, zuhörst, jemanden streichelst, tröstest und einen guten Rat gibst, du wirst immer geführt. Das sind die Erfahrungen, die gemacht werden, wenn man mit dem Göttlichen EINS ist. GLAUBE DARAN UND TU ES!
Wirke mehr im Verbundensein mit deinem göttlichen Ich. Dazu brauchst du dich und deinen Verstand und die bewusste Verbindung mit dem Geist Gottes.

Egal was du tun willst, mache einen Plan, stell es dir vor, glaube daran und TU ES!
Lass dich nicht mehr davon abbringen.

Fühle dich jung, fühle dich kräftig, fühle dich gesund, fühle dich wunderbar! Du bist in jedem Alter wertvoll, aber nur dann, wenn dein Leben dir Sinn gibt. Lebe SINNVOLL, dann macht dein Leben dir immer Freude.

Hoffnung und Glaube sollten immer in deinen Gedanken sein, in jeglicher Situation. Wenn du und Gott es nicht so gewollt hätten, würdest du nicht da sein, wo du jetzt bist. Egal wo du gerade bist, wie dein Leben gerade ist, es ist eine Herausforderung für dich. Du hast ALLES IN DIR um etwas zu ändern oder daraus etwas zu machen. Frage dich: „Was will ich hier? Warum bin ich da? Was will ich von hier aus tun?"

Es ist wie in einem Supermarkt, je größer das Angebot, desto schwieriger ist die Entscheidung der Auswahl. Du hast in deinem Leben unendlich viele Möglichkeiten zur Wahl. Entscheide dich für etwas, dann tue sofort etwas!
Packe es an! Fang damit an! Schritt um Schritt. Nur so wirst du etwas erreichen.

Wir lernen immer doppelt. Wir lernen immer für uns und um es anderen Menschen weiter zu geben. Wir gehen immer zwei Wege. Unser wahres Sein möchte immer etwas für sich selbst tun, sich verwirklichen und es den anderen Menschen weitergeben. Wir kommen auf die Welt und nehmen die ersten Informationen von den Eltern mit. Leider sind es nicht immer die besten Informationen. Meistens sprechen sie auch nicht in unserer Sprache mit uns, sondern in der Affensprache, „bu-bu, ba-ba, gille-gille!"
95 % aller Eltern und Menschen reden so mit Kindern. Sie verfallen von der Intelligenz in die Urwaldsprache. Die Kinder lernen das. Schon ein Kleinkind nimmt alles auf und speichert es im

Unterbewusstsein ab. Sprich normal mit Kindern und nenne sie bei ihrem wahren Namen! Jeder Name ist ein Omen und das Mantra des Menschen. Deshalb haben die Eltern, bewusst oder unbewusst, den Namen für das Kind erwählt.

Versüßt die Kinder nicht mit „le und i" am Schluss, ihr macht sie damit zum Narren. Wie viele Menschen sind heute noch das Fritzle, Büble, Müsle, Hänsle, Michile? Das hat eine andere Schwingung und wirkt dementsprechend ungünstig im Leben des jeweiligen Menschen.
Fühle es selber! Sage dir deinen wahren Namen und deinen Spitznamen! Welchen Namen kannst du ernster nehmen?
Dein Name hat deine dir bestimmte Schwingung!

Märchen gehören für Kinder verboten. Erzählt den Kindern lieber ehrliche und schöne Geschichten. Märchen sind Lügen. Ein Kind versteht die bildhaft, psychologische Verbindung zu einem Märchen noch nicht. Es glaubt an diese Geschichten. Sei bereits mit den Kindern so ehrlich, wie du es mit dir selbst sein solltest!

Achte darauf, dass man dich bei deinem Namen nennt! Lass dich und deine Seele nicht verniedlichen als wärst du ein Dummerchen. Achte gut auf das was du sagst, denn JEDES WORT HAT SCHWINGUNG. Streiche Wörter wie „brutal, wahnsinnig, irrsinnig", aus deinem Wortschatz und ersetze sie mit „SEHR, GÖTTLICH, WUNDERBAR, TOTAL, GENIAL, EINMALIG"!

Du bist der Schöpfer deiner Worte und deines Lebens!

Werde dir bewusst, dass du das meiste was in dir ist in deiner Kindheit gelernt hast. Alles was du bewusst oder unbewusst von deinen Eltern, Großeltern, Verwandten, Bekannten, Freunden, Fernsehen, Kindergarten, Volksschule, Hauptschule aufgenommen hast, ist in dir. Werde dir bewusst, dass all das zwar in dir ist, in deinem Unterbewusstsein abgespeichert ist, aber nicht du es bist, was dir eingetrichtert wurde. Du bist nicht dein Vater, nicht deine Mutter, nicht dein Lehrer: DU BIST DU! Du glaubst vielleicht bis jetzt, dass all das, was du meinst zu sein, du selbst bist. Ohne jemandem Schuld zuzuweisen, werde dir bewusst, dass du in Wahrheit verdummt worden bist. Bewusstseinserweiterung entsteht durch das Erkennen, wer wir selbst sind.

Jeder Mensch kommt aus dem Göttlichen Sein und ist ein TEIL DES GÖTTLICHEN. Jeder ist ein Engel Gottes. Jeder ist in Wirklichkeit geistig miteinander verwandt. Wir haben alle Mutter – Vater - Gott als unsere geistigen Eltern und sind Brüder und Schwestern aus derselben Substanz. Es ist unser Geburtsrecht zu essen, zu trinken, gesund zu sein, glücklich zu sein, reich zu sein, ein Dach über dem Kopf zu haben, es warm zu haben, das Leben zu genießen und Überfluss von allem zu haben. Es ist unser Recht menschenwürdig zu leben. Das sollte unsere Zukunft sein.

Wir alle tragen dazu bei - durch unser Denken und Handeln.

„Was ist eine Lebensschule und für was brauche ich sie?"

Heute hat man mindestens neun Jahre Pflicht-schule zu absolvieren und man wird dazu erzogen eine Ausbildung zu machen. Es ist jedoch keine Ausbildung zum Wohle des Menschen und des Seins, sondern zum Wohle des Staates. Jeder von uns wurde dazu erzogen und so gesteuert, dass wir für den Staat funktionieren. Wir sind da um Arbeit zu leisten, Steuern zu zahlen und werden geführt, um nützlich zu sein. Wir sind verdummt worden, um wie Herdentiere zu sein. Deshalb hat man uns auch die Seelenlehre – die Lebensschule nicht gelehrt. Wenn ein Mensch sein Bewusstsein erweitert hat, lässt er sich nicht mehr einfach so führen. Er wird sich seiner und dessen was um ihn ist immer mehr bewusster, wird verstehen-der, wird sehender und selbstsicherer.

Heute wird nicht die Familie vom Staat unter-stützt, sondern die Kinder. Das bedeutet, dass ein Millionär genauso viel Kinderbeihilfe be-kommt, wie eine arme Familie. Ist das wirklich sozial? Es wäre sozial, wenn ein Millionär von sei-nem Reichtum einen Teil für die Mehrheit abge-ben würde.
Warum gibt es überhaupt arm und reich? Die ei-nen haben gelernt und wurden geschult sich

Reichtum heran zu denken, die anderen wurden gelehrt sich arm zu denken. Doch jeder kann noch heute beginnen, seine Gedanken und Programmierungen zu ändern und statt dem Denken an Armut, dem Denken an Reichtum mehr Bewusstsein zu geben.

Unser Denken wurde einprogrammiert. Diese Programme kann man mit Computerprogrammen vergleichen. Das Grundprogramm ist wie ein Betriebssystem und die Schule ist Windows oder Excel. Mit diesen Programmen arbeitest du.

Jetzt kommt es drauf an, was du noch für Programme auf deinen Computer spielst. Laufend werden neue Programme in deinen Computer hineinprogrammiert, das sind dann die Berufe. Das eine Programm ist kleiner, das andere ist größer. Jeder hat seine speziellen Programme und kennt sich nur mit diesen Thematiken aus.

So ähnlich funktioniert das heute mit unseren Ärzten. Da gibt es spezielle Ärzte für jeden Bereich des Körpers und keiner findet mehr die Verbindung mit der Gesamtheit des Körpers. Deshalb werden manche Menschen von einem Spezialisten zum anderen geschickt, doch jeder sieht nur seinen Teil. Keiner kennt mehr den ganzen Menschen. Anatomie bedeutet in diesem Sinne auch „Zerteilung des menschlichen Körpers". Wir sind aufgeteilt wie ein Kuchen. Einer kümmert sich um die Rosinen, einer um die Hefe, den Zucker oder das Mehl. Aber keiner kann mehr einen ganzen Kuchen backen. Es hat Vorteile, weil sich jeder für etwas spezialisieren kann, aber auf der anderen Seite gibt es genau deswegen Probleme. Keiner denkt über sich hinaus. Die wenigsten können dadurch das Ganze erfassen und die Ganzheit sehen. Deshalb ist es sehr wichtig, dass jeder aus seinem Rahmen heraus geht, um zu lernen wie es außerhalb des Rahmens aussieht und kann dann wieder zurück in den eigenen Rahmen gehen. Danach sieht der Mensch viel besser über sich hinaus.

Du kannst aus dir herausgehen und schauen was andere machen, wie sie es machen, was sie denken, wie sie etwas sehen, um dein Bewusstsein zu erweitern. Kehre aber immer wieder zu dir zurück.

Du kannst zu deinem Beruf etwas dazu lernen. Sprachen, andere Berufe, Hobbys, Computerkenntnisse, zusätzliche Kurse und die Lebensschule. Es ist sicherlich gut viel zu wissen, aber ohne die Weisheit, ist jegliches Wissen wertlos. Die Menschen sollten wieder lernen, alles mit Weisheit zu verbinden und bei allem Tun DIE WEISHEIT MEHR HONORIEREN.
Warum verdient ein Fußballspieler mehr, als jemand, der für unsere Welt etwas Sinnvolles vollbringt?

In der Schule bekommen wir eine Belehrung. Ob richtig oder nicht richtig ist relativ. Es wird, ob wir wollen oder nicht, Wissen einprogrammiert.

Eine Lehre lässt es frei, ob sie von dir angenommen wird oder nicht angenommen wird. Die größten Meister und Lehrer dieser Welt haben es den Menschen frei gelassen, ob die Menschen ihre Lehre annehmen wollten oder nicht. Es sollte immer deine Entscheidung sein, ob und was für ein Wissen du annehmen möchtest.
DU BIST MÜNDIG!

Im Grunde können wir alle von einander lernen. Jeder hat ein Stückchen Weisheit in sich. Jeder ist für uns ein Spiegel in dem wir uns selbst erkennen können. Wir müssen nur lernen, in den Spiegel hineinzuschauen, über unseren Gartenzaun zu blicken und offen für den anderen sein.

Menschen mit Supergehirnen, unsere Genies und Wissenschaftler, die mit Wissen voll gestopft sind, machen nicht nur Gutes. Ihnen fehlt es an der Weisheit.
Könnte sonst jemand etwas erfinden, dass der Welt mehr schadet als nützt?

Man hat früher von Gelehrten Achtung gehabt. Heute wo jeder studieren kann, hat das Chaos angefangen. Man hätte nicht nur das Wissen vermitteln sollen, sondern auch die Weisheit und Seelenlehre. Die Gelehrten sollten Vorbilder sein. Heute haben viele Menschen Titel, aber im Grunde sind diese Titel nichts mehr Wert. Der Berufstand Lehrer ist nichts Besonderes mehr, weil sie keine Autorität und Vorbilder mehr sind. Ihnen fehlt es an Weisheit, Autorität, Vorbildlichkeit und das überträgt sich auf ihre Arbeit und auf ihre Ausstrahlung. Die meisten Menschen sind rechtsseitig denkend und seelisch noch ein Kleinkind von drei Jahren.

Was wir brauchen, ist die Schule für den Geist und die Seele: Die Lebensschule! Diese Schule bekommst du nicht als Grundausbildung, du kannst sie dir nur selbst aneignen. Die meisten Menschen haben die Lebensschule nie kennen gelernt. Hätte man bereits bei den Kindern angefangen den Geist und die Seele zu schulen, könnten die Erwachsenen heute vieles mehr. Ob Heilen, Hellsehen und dergleichen, wir hätten es wie Rechnen und Schreiben lernen können. Stattdessen haben die Menschen die Seele zurück gelassen, sie arm und schwach werden lassen.

Die Lebensschule gibt nicht nur Wissen, sondern sie führt dich zur Menschlichkeit zurück. DENN DEIN LEBEN FÄNGT IN DER SEELE AN.

Die Lebensschule ist für alle Menschen und für dich selbst. Deshalb ist auch die Bewusstseinserweiterung etwas, was du nicht nur für dich alleine machst, sondern für die ganze Menschheit. Bei allen Ausbildungen geht es um die Sache, in der Lebensschule geht es um den Menschen selbst. Warum setzt man die Sache so oft über den Menschen? Umso mehr Menschen die Lebensschule lernen, umso mehr wird sich global das Bewusstsein erhöhen.

Meine Gedanken sind geistige Samen!

Ein Licht anzuschalten, in dem du einen Licht-schalter betätigst, kann jeder lernen, sogar ein Affe. Bei 20 Schaltern wird es schon schwieriger und bei 1000 Schaltern brauchst du einen Plan, welcher für welches Licht ist. So sind unsere Be-rufe aufgebaut.
Wenn jemand aber eine Meditation macht und erbittet, dann kommt für jeden etwas anderes heraus. Jeder bekommt dann das, was er bereit ist vom Göttlichen zu empfangen. Der eine möchte Millionen, der andere gesund sein oder einen Liebespartner, einen neuen Job, Erleuch-tung. Da ist es anders wie mit den Dingen, weil jeder Mensch ein Individuum ist. Essen wir eine Kartoffel, so wirkt sie in jedem Menschen anders und ihre Energien in uns werden von jedem von uns anders verwertet.

Wenn du jetzt meditierst, dann musst du nicht meinen, du bekommst auf der Stelle alles was du dir wünschst. Was reif ist, darf in dein Leben kommen. Es sind Samen die du gesetzt hast, die wachsen und reifen. Manche Samen brauchen eine Minute, eine Stunde, Tage, Monate und manche sogar ein ganzes Jahr und mehr bis sie reif sind. Es ist ein Unterschied, ob wir Bohnen, Kartoffeln oder einen Apfelbaum säen. Alles braucht seine Zeit. Bei jedem Menschen sind die Ergebnisse und Wünsche anders, es gibt nicht wie in der Wissenschaft „ein solange bewirkt ein so-viel". Wir sollten uns dessen beim Wünschen und

Erbitten mehr bewusster sein.

Jeder Gedanke ist im Universum vorhanden und kann immer abgerufen werden. Wir befruchten einander durch unsere Gedanken. Leider sind nicht alle unsere Gedanken befruchtend und damit wir diesen gedanklichen Schmutz nicht aufnehmen, ist es wichtig, uns davor zu schützen. Deshalb gibt es für unseren Schutz und für unsere seelische Reinigung spirituelle Rituale. Der beste Schutz, den wir haben, ist selbst keinen Schmutz um uns zu werfen, weder gedanklich, mit Worten, noch mit Taten.

„Mein weniger Gutes soll sich immer mehr auflösen", denke dies immer wieder, und versuche fruchtbare Gedanken zu haben. Denn deine Gedanken sind die Samen deiner Worte, Taten und Erfahrungen. Versuche auch weniger mit „Ja" und „Nein" auf Fragen zu antworten, sondern erzähle Geschichten als Antwort. Sie sagen aus, was du denkst und wer du bist. Wenn du einmal dein Bewusstsein erweitert hast, dann hast du für deine Antworten immer genügend Informationen zur Verfügung, wenn du welche brauchst.

DU BIST VERBUNDEN MIT DEM GEIST GOTTES UND DEM UNIVERSUM.

Da du mit Gott verbunden bist, hast du alles Wissen und alle Weisheit des Seins zur Verfügung. Erweitere dein Bewusstsein, um diese Ströme der Weisheit in dir aufzunehmen.

„Ich möchte weiterkommen im Leben. Ich möchte anderen helfen, mir selbst helfen, ein glücklicheres, erfolgreicheres Leben führen. Ich möchte Heil und Frieden im Leben."

Dann beginne dich ab sofort am Morgen zu begrüßen!
Sei dir bewusst das DU BIST, das DU LEBST. Immer wenn du am Morgen aufwachst bist du neu geboren. Wenn du nicht mehr aufwachst, bist du tot. Jeder Morgen ist eine neue Geburt für deine Seele, eine neue Chance dich zu leben, ein neuer Anfang. Jede Nacht, wenn du schläfst kehrt deine Seele aus und holt für dich, was du für den nächsten Tag brauchst. Ein jeder Schlaf ist die Vorstufe des Todes. Wenn du aufwachst, bist du neu geboren.
Dann sage dir: *„Guten Morgen liebe/r ... (Name)! Heute ist ein neuer Tag. Guten Morgen Leben! Ich bitte um Schutz und Führung für den heutigen Tag. Ich weiß, es wird ein wunderbarer Tag, voller neuer Erfahrungen. Ich freue mich auf diesen neuen Tag!"*, dann gehe hin zum Spiegel, schau hinein, siehe den Engel der aus deinen Augen herausschaut und nimm dich an wie du bist!
Sage: *„Guten Morgen Engel, schön, dass ich bin!"*
Freue dich über dich!

Wenn du aufwachst, ist dein Bewusstsein (Wachbewusstsein – Tagesbewusstsein) noch leer. Es ist die beste Zeit, um lebensbejahende Gedanken einzuprogrammieren. Denn wie bei einem Wasserglas entscheidest du am Morgen ob du mit schmutzigem Wasser beginnst (Zeitung, Nachrichten, schlechte Laune, Angst vor dem Tag, Ärger wegen schlechtem Wetter) oder deinen Tag mit sauberem, klarem Wasser beginnst. Dein Tag wird so sein, wie du dein Wachbewusstsein schon am Morgen erfüllst. Ein Glas das mit Schmutz gefüllt wird, bleibt den ganzen Tag über ein Glas mit verschmutztem Wasser!

Wenn du dir „guten Morgen" sagst und lebensbejahende Gedanken denkst, dann ist dein Wachbewusstsein mit positiven Gedanken gefüllt und du kannst alles was heute passiert besser verkraften und den Tag mit all seinen Anforderungen leichter erleben.

Es ist sehr empfehlenswert keine Zeitung vor dem Mittag zu lesen oder Nachrichten vor dem Mittag zu sehen oder zu hören. Meistens sind diese eher mit Ängsten, Unsicherheiten und Besorgnissen verbunden und werden dementsprechend auf dein Wachbewusstsein einwirken. Deine Seele ist am Morgen noch zu offen um mit diesen Informationen umzugehen. Es ist, als ob du schon vor dem Mittagessen mehrere Gläser Schnaps trinkst. Du hättest dann schon einen Schwips und wärst nicht mehr ganz zurechnungsfähig.

Abends setze dich hin und denke über dich hinaus. Das reinigt deine Seele.
Mache PSYCHOHYGIENE! Schaue dir den Tag von morgens bis abends an. Schaue was du erlebt

hast, wie du gehandelt hast, was du gesagt hast, wie die Umwelt reagiert hat, was du übersehen hast, was du gut gemacht hast und was war weniger gut.
LOBE DICH für alles was du an diesem Tag Gutes erlebt und getan hast.

VERZEIHE DIR alles was nicht so gut war an diesem Tag. Es ist eine Seelenwäsche. Wie du deinen Körper jeden Tag reinigst und wäschst, damit du nicht stinkst, so sollte auch deine Seele täglich gereinigt werden. Leider stinken die meisten Menschen aus ihren Seelen und dann entstehen eben gerne Krankheiten. Eine saubere, gewaschene Seele bringt GLÜCK, GESUNDHEIT, FREUDE, HEIL, FRIEDEN, ERFOLG UND REICHTUM.

„Was habe ich in meinem Leben getan? Was lasse ich eines Tages auf Erden zurück? Habe ich etwas für die Verschönerung auf dieser Erde getan? Habe ich Liebe und Licht auf die Erde gebracht?"

Vielleicht glaubst du an die Wiederkehr der Seele auf Erden (Reinkarnation). Vielleicht auch nicht. Falls du aber wieder kommen solltest und du hast hier auf Erden Dreck gemacht, dann wirst du ihn auch beseitigen müssen. Hast du die Umwelt verschmutzt, wirst du in eine verschmutzte Umwelt zurückkehren.

Auch wenn du nicht wieder kommen wirst, möchtest du, dass deine Kinder, Enkelkinder oder sonstige Menschen die nach dir leben werden, deinen Dreck weg räumen müssen? Darin steckt viel Bewusstseinserweiterung und Selbsterkenntnis. WAS WIR SÄHEN, WERDEN WIR ERNTEN!

Was immer wir mit dieser Erde heute tun, darf die Generation nach uns ausbaden. Was die Generation vor uns getan hat, können wir heute wieder in Ordnung bringen. Wenn jede Generation daran gedacht hätte, könnte es auf Erden ganz anders aussehen.

Würdest du in deinem Leben was verändern, wenn du wüsstest, dass du wiedergeboren würdest? Falls du Kinder hast, kannst du ihnen mit reinem Gewissen gegenüber treten? Hast du dazu beigetragen, eine schönere, friedlichere und harmonischere Welt zu hinterlassen?

DAS IST ALLES BEWUSSTSEINSERWEITERUNG!
Wir dürfen alle mithelfen dazu beizutragen, eine bessere Welt zu erschaffen. Wir können alle für diejenigen, die nach uns kommen, Vorbilder sein.

Wenn du jeden Tag Seelenwäsche (Psychohygiene) machst, wird sich dein Leben vorteilhaft verändern. Das ist ein göttliches Gesetz, da all das, was negativ in dein Unterbewusstsein sinken würde, vorher aufgelöst wird.
Alleine deshalb, weil du es noch einmal angeschaut hast und dir verziehen hast, nimmst du diesem Erlebnis die Energie. Das was du aber

Gutes erlebt und getan hast, wird durch dein nochmaliges Beobachten und dein dich selbst loben stärker und wirkt noch mächtiger in deinem Unterbewusstsein, wo das Tagesbewusstsein jede Nacht abgelegt wird und alle deine Überzeugungen heraus kommen.

Du hast durch die Seelenwäsche viel über dich und deinen Tag gelernt. Du wirst erkennen, wo du deine Stärken hast und dich noch etwas verbessern kannst in deinem Leben. So wird Tag für Tag viel weniger Seelenmist in dein Unterbewusstsein fließen und du wirst immer weniger in Disharmonie kommen.

Dein Unterbewusstsein kann ein Mistkübel sein oder eine Schatzkammer, das liegt ganz allein an dir.

Autogenes Training, Meditation, Heilarbeit, Selbsterkenntnis, Seelenwäsche, sich selbst was Gutes tun, ist Seelennahrung. Wenn du nichts isst, bekommt dein Körper keine Nahrung und du wirst verhungern. Genau so ist es auch mit der Nahrung für deine Seele. Ob du ihr gute, geistige Nahrung gibst oder nicht, das liegt an dir. Keiner kann dich zwingen und dir diese Nahrung hinein stopfen. Nur du kannst deine Seele nähren!

UNSERE SEELEN SIND HUNGRIG NACH LIEBE!

„Ist Krankheit Dummheit? Disharmonie? Unordnung?"

Es liegt an uns selbst, in Ordnung und Heil zu kommen, bei uns selbst und global.
Jeder kann für sich selbst etwas tun und das wirkt sich auch auf diese Welt und alles Sein aus.

Jede Krankheit ist 100% seelisch, geistigen Ursprungs. Der Körper ist nur das sichtbare Objekt und zeigt unsere Unordnung und unser Unheil an, das bereits in Geist und Seele wirken.

Im Ursprung muss es auch wieder behoben werden. Sogar Unfälle kommen aus der geistigen und seelischen Ebene. Unser Denken ist mit verantwortlich. Wir haben Angst, wir sorgen uns, wir glauben an etwas. Das Leben, die Umwelt, die Erlebnisse, der Körper: sie zeigen uns nur, wie wir sind, was wir glauben und denken. Dieses Wissen kennt jeder! Warum leben wir es nicht endlich?

Wir sind seit Generationen manipuliert worden, um nicht daran zu glauben, dass wir die Heilung bereits in uns tragen. Die Industrie verdient mit Krankheit Milliarden. Medikamente, Ärzte, Heilpraktiker können uns nur helfen, WEIL WIR DARAN GLAUBEN. Glaubst du wirklich, man sagt dir darüber die Wahrheit?
Ein Weiser hat einmal gesagt: „Der Arzt verbindet – Gott heilt!". Warum heilt Gott den Einen und den Anderen lässt er sterben und leiden?

Warum erhört er die Gebete des Einen, aber die des Anderen nicht?

Glaubst du, dass Gott entscheidet: „Okay, du bist mir sympathisch, dich heile ich! Du hast eine krumme Nase, dich lass ich sterben und leiden!"? Was wäre das für ein Gott der LIEBE?

Vor dem Geist Gottes sind wir ALLE GLEICH! Wenn wir Heilung brauchen, sollten wir lernen an unsere Heilung zu glauben! Das Göttliche in uns wartet nur darauf, dass wir uns für seine Heilung öffnen!

„Warum meine ich, dass alles zu wissen, lebe aber nicht danach? Warum bin ich nicht einfach gesund, weise, erfolgreich und glücklich?"

Ein geheimes Wissen ist ein Wissen, das keiner wissen darf, wo seit Generationen manipuliert wird, Fehlinformationen gegeben werden, so dass keiner mehr weiß, was er darüber denken soll und was nicht. Wenn das ein paar Jahrhunderte oder Jahrtausende gemacht wird, weiß kaum mehr einer wirklich um was es geht. Außer ein paar Eingeweihte, die noch genau wissen, was für eine Weisheit hinter der Verwirrung steckt. Das wäre dann ein so genanntes „Geheimwissen". Oft ist es jedoch ein Wissen, das du bereits hast. Ein Wissen von dem du schon viel gehört hast und über das du bereits nachgedacht hast, dass du vielleicht schon glaubst oder völlig ablehnst. Dieses geheime Wissen ist gar nicht so geheim, sondern läuft uns vor der Nase herum und wir sind zu blind, um es wahrhaft zu erkennen.

Hier möchte ich auf ein solches Wissen aufmerksam machen, oder es für dich wiederholen:
Die Seele, DU, was man auch ICH BIN nennt, ist Gott. Diese Seele, die du bist, ist das Bildnis, das wir uns nicht von Gott machen sollen. Wir sind aus Gott entstanden und er hatte nichts anderes als sich selbst, um uns zu erschaffen.

Wie fühlt sich dieses Wissen in dir an?
Wehrt sich alles in dir?
Fühlst du eine Ablehnung gegen diesen Gedanken?
Denkst du, das ist Gotteslästerung?
Jesus sagte schon: „Ich und der Vater sind EINS."
Das gilt nicht nur für Jesus, das gilt für jeden Menschen auf dieser Erde. WACH AUF!

Ben Jesus, bedeutet ICH BIN und Christus bedeutet GÖTTLICHES BEWUSSTSEIN.
Übersetzt würde das bedeuten ICH BIN GÖTTLICHES BEWUSSTSEIN. Vielleicht liest du das neue Testament mit diesen Gesichtspunkten und denkst daran, dass mit dem ICH BIN, du selbst gemeint bist.

Lerne weiter hinaus zu denken und lege deine jahrhunderte alten Kleider und Ketten ab. Lass neuen Wind in dein Bewusstsein fließen und den

Staub der Jahrhunderte aus ihm heraus waschen. Du würdest doch auch nicht mit den Unterhosen deiner Großmutter herum laufen wollen.

Rein geistig gesehen tust du das aber. Was wäre wenn du wirklich seit Jahrhunderten belogen worden bist? Kannst du dir vorstellen, welch wunderbare Möglichkeiten und Dinge sich auftun würden, wenn du EINS mit Gott bist?

GOTT IST GESUNDHEIT, FREUDE, LEBEN, KRAFT, MACHT, SCHÖNHEIT, LIEBE, LICHT, ERFOLG, REICHTUM, REINHEIT, VERTRAUEN, HOFFNUNG, MUT, GLÜCK! Wenn du EINS MIT GOTT bist, kannst du das alles erhalten und leben.
Hast du nicht immer danach gesucht? Ist nicht eine unendliche Sehnsucht danach in dir? Man hat uns gelehrt wir seien nichts Besonders, nichts als Asche, die wieder zur Asche wird, Sünder, unrein, böse, gefallene Seelen und ein Nichts gegenüber der Größe Gottes.

Öffne dein Bewusstsein und werde vom mickrigen, kleinen, kriechenden Wurm wieder zum GOTT-MENSCHEN, der du immer warst!
Nimm das Zepter der göttlichen Macht wieder in die Hand und schöpfe! Vergiss jedoch nicht, alles was du aussendest, kommt wieder auf dich zurück; AKTION - REAKTION!

Macht heißt zu verstehen, wie mit den göttlichen Gesetzen umzugehen und danach zu handeln.
Nur das Gute und Vollkommene, Glück und Freu-

de, Gesundheit und Liebe sind Energien, die Macht in sich tragen und eine beständige Ernte bringen. Alles andere was wir Menschen dem Teufel zuschreiben, den es übrigens gar nicht gibt, ist Illusion und hat in der göttlichen Einheit keinen Platz. Nur der Mensch erzeugt das Gute oder das Böse, durch sein Bewusstsein.
Gott – das Leben ist immer neutral und ist ewige Ordnung und Harmonie.

„Warum brauche ich Harmonie und wofür?"

Mein Körper, meine Seele, mein Geist – ICH, brauchen Harmonie. Harmonie ist Ordnung und Ordnung ist Heil. Erst wenn mein Geist, meine Seele und mein Körper miteinander in Harmonie sind, bin ich in meinem wahrhaften ICH in Harmonie.

Wenn du deinen Körper nicht liebst, über deine krumme Nase, über deine Haare, deine Figur, deinen Busen schimpfst, dann hast du Krieg mit dir. Nennst du das Harmonie mit dir selbst zu haben?

Wenn du deine Minderwertigkeitskomplexe, deine Charakterschwächen, Fehler und Verfehlungen nicht liebst, dann hast du Krieg mit dir. Wenn du sagst: „Bin ich dumm!", oder ähnliches, dann hast du Krieg mit dir.

Wie oft machst du das?

Lerne dich so anzunehmen wie du bist und wenn du es nicht kannst, dann versuche etwas zu ändern. Funktioniert das nicht, dann bleibt dir nur eines: Dich zu lieben, denn du bist es wert, so wie du bist, von dir geliebt zu werden!

DU BIST DU und hast die Verantwortung das ZU LIEBEN WAS DU BIST. Nur dadurch kann in dir Harmonie entstehen. Sonst hast du Unordnung in dir, um dich und in deinem ganzen Leben.

Wir verfluchen etwas, was nicht so ist wie wir es gerne hätten und statt es zu ändern, sind wir zu faul etwas zu tun und nehmen es einfach so an wie es ist. „Ich kann ja nichts ändern", sagen die Menschen. Lerne die Kraft aufzunehmen, um es zu ändern. Kannst du es nicht ändern, lerne dankbar zu sein für das was ist und was du hast und bist.

DANKBAR SEIN IST LIEBE.

Ich brauche in der Partnerschaft, in der Familie und im Beruf Harmonie. Wenn ich in der Welt Frieden, Liebe und Harmonie möchte, muss ich sie zuerst um mich herum und in mir schaffen.

Meine direkte Umwelt ist hier wo ich bin, bei den Menschen mit denen ich am meisten zu tun habe. Mit allen in Frieden sein geht vielleicht nicht immer hundertprozentig, aber ich kann es annähernd versuchen. Keiner kann immer „ja" sagen zu allem, dann wäre er/sie auch nicht ehrlich. Diskutieren, sich auszusprechen kann nur nützen, auch zu verzeihen ist sehr hilfreich. Es beginnt immer bei mir selbst. Wenn ich mich nicht wirklich liebe, dann kann ich auch nicht wirklich den anderen lieben. Wenn ich mich selbst kritisiere, dann werde ich auch die anderen kritisieren. Wenn ich mir selbst nicht verzeihen kann, dann kann ich den anderen auch nicht verzeihen. Weil die Menschen die mir nah sind, eine Art Spiegel meiner Selbst sind, werden sie mir auch in vielen Fällen das widerspiegeln, was ich selbst noch nicht in mir geheilt habe. Es ist ein Kreislauf, der nur in mir selbst in Harmonie gebracht werden kann.

Ich brauche Harmonie mit den Menschen.

Es ist möglich, harmonisch mit den Mitmenschen umzugehen und zu leben. Es beginnt zuerst damit, dass ich nicht mehr über andere schlecht rede und denke. Habe ich überhaupt das Recht dazu über andere zu urteilen?

Wie oft beobachte ich Menschen, die irgendwo sitzen und sich über die Menschen die vorbei gehen, den Mund zerreißen. Ob die Kleidung, die Figur, die Haltung, der Partner, der Hund, es scheint, als ob sie genau wüssten, was für diese Menschen gut ist. Die Klatschpresse lebt davon und die Leser sind zahlreich. Sie haben für jeden eine verbessernde Kritik. Doch sie wissen nicht, was dieser Mensch gerade lebt, leidet, was ihn bedrückt und sorgt, oder wie dieser Mensch denkt, fühlt und mit sich selbst klar kommt. Wo bleibt hier die Menschlichkeit. Hat nicht ein weiser Mann gesagt: „Schaue nicht auf den Spieß im Auge deines Mitmenschen, schaue lieber auf den Balken, der vor deinen Augen ist."

Hast du dir schon mal überlegt, ob diese Seele über die du gerade redest, fühlt was du sagst oder denkst? Ein Segen von dir hätte ihr wohler getan! Harmonie kommt nicht von kritisieren und verurteilen, Harmonie entsteht durch Liebe und gute Gedanken. Wer andere belächelt und sie verurteilt, wird dieses Zungenschwert eines Tages selbst an sich spüren.

Es gibt eine ausgleichende Kraft und keiner kann sich diesem Naturgesetz entziehen. Zur Erinnerung: AKTION – REAKTION!

Von Geburt bis zum Tod sollte unser Leben einen Sinn haben und der beste Sinn den wir haben können, ist in HARMONIE zu sein, in Harmonie mit sich und den anderen, Liebe und Licht zu sein und zu bringen. Jeden Tag solltest du darauf schauen, dass du eine Einheit bist oder sie immer mehr bekommst. Benimm dich wo immer du bist so, dass die anderen es spüren können, dass Licht, Liebe und Freude von dir ausgeht. Lass dein göttliches Erbe in und durch dich wirken.

Was meinst du, wie die Beziehung zu dir selbst und deiner Umwelt dann sein wird?

Falls du schön länger auf dem Weg bist, dich selbst zu erkennen, dann frage dich: „**Welche Erfolge habe ich schon erzielt, seit ich begonnen habe Esoterik, Spiritualität, Heilmethoden, Meditation oder Bewusstseinserweiterung zu praktizieren? Welche Eigenschaften und Charaktereigenschaften habe ich schon verändert?**"

Dann denke zurück! Erkenne dabei, was du schon alles erreicht hast, seit du diesen Weg gehst. Hast du überhaupt etwas erreicht? Verändert? Bewegt? Wenn ja, war es gut für dich? Du wirst sehen, deine Seele wird dann noch besser mit dir mitarbeiten.

Viele Menschen haben keine Geduld.
„Gut Ding braucht Weile", sagt man gerne. Die meisten Menschen ernten ihre Kartoffeln (Fähigkeiten) viel zu früh und wundern sich, dass die Kartoffeln nicht groß genug geworden sind, sondern noch zu klein sind. Hätten sie die Kartoffel noch etwas gepflegt und gedeihen lassen, hätten sie viel größere Kartoffeln geerntet.
Wie oft erlebe ich Menschen, die bereits aufhören an ihre Gaben zu glauben, weil sie noch unreif sind und sie geben auf, da sie denken, sie können nicht mehr wachsen. Es bleibt ihnen dann nichts anderes übrig, als mit diesen unreifen Gaben unzufrieden zu sein und sie hüpfen von Kurs zu Kurs, ohne zu merken, dass sie es immer gleich machen.

Alles braucht seine Zeit, vom Sähen bis zur Ernte. Auch der Bauer kann nichts anderes tun, als seinen Samen das zu geben, was sie brauchen, bis sie gereift sind und er sie ernten kann.
Wie oben so unten (Hermetisches Gesetz)!
Prüfe dich, ob du die richtigen Samen gesetzt hast! Es können nur die Samen wachsen, die du gesetzt hast. Aus Tomatensamen werden keine Kartoffeln. Wenn du heilen möchtest, dann musst du auch diese Samen sähen. Außer Kurse zu besuchen kannst du auch deine schöpferische Kraft einsetzen. Du kannst in allen Bereichen deines Lebens, deine schöpferische Kraft benützen. Versuche dir einfach schon bildlich all das vorzustellen, was du einmal ernten möchtest. Das sind die fruchtbarsten Samen die du setzen kannst.

Du legst sie als Gedankenbild (Samen) ins universelle Gesetz (Erde) und mit genügend Pflege (Glaube, Dankbarkeit, Geduld, eigenes Dazutun) wird das Naturgesetz automatisch wirken. Der Same wird von sich selbst aus wachsen und gedeihen und je nach Reifezeit, wirst du ernten dürfen.
Schau dir die Natur an, sie ist dein bester Lehrer!

„Wie könnte ich in dem was ich tue, noch mehr Erfolg haben?"

Falls der Erfolg noch nicht so ist, wie du es dir wünscht, dann suche die Fehler die du noch machst und setze positive Suggestionen und Samen, die diesen Erfolg unterstützen. Schau wo du noch nicht mit deinem Glauben an den Erfolg in Harmonie bist und stärke in durch deinen Glauben daran. Prüfe dich, seelisch, gedanklich und körperlich und entwickle deine Persönlichkeit. Erweitere dein Bewusstsein und denke über dich hinaus. Es nützt nichts, wenn du nur meditierst, suggerierst und visualisierst. Du musst auch etwas dafür tun!

Suchst du ein neues Zuhause, so kannst du dafür meditieren, suggerieren und visualisieren, aber du solltest auch etwas auf der materiellen Ebene tun! Du kannst Zeitungsinserate lesen, anderen davon erzählen, dich informieren und herum fragen. Dein neues Zuhause wird wohl kaum an deiner Türe klopfen und sagen: „Hallo! Hier bin ich!"

„Was hat sich verändert?"

Egal was du tust, es muss sich immer etwas verändern. Das Leben ist Veränderung.
Veränderung passiert automatisch durch unsere *„Ent-wicklung"*. Wann immer du dein Denken veränderst, verändert sich etwas in dir und um dich.

Wichtig ist immer, ob sich dein Wesen, dein Benehmen, dein Charakter, dein Leben ins Vorteilhafte und Gute verändert hat? Du selbst baust dir deine eigene Welt auf. Wie du in die Welt

schreist, so schreit die Welt zurück. Denke dabei auch an das, was du täglich in dein Handy schreist!
Du beeinflusst dein Leben und wirkst auf dich und andere. Du veränderst dauernd etwas, fraglich ist nur, ob es sich so verändert hat, dass es auch zum Wohle für dich und deine Umwelt war und ist.

Es sollte IMMER zum Wohle und zur Entwicklung für dich und alle sein.

„Was für ein Image habe ich geschaffen?"

Was bekomme ich als Reaktion von außen an mich zurück. Ich sollte nicht abhängig sein von den Gedanken der Menschen und ihren Kritiken. Dennoch kann ich in meinem Umfeld erkennen, was für ein Image ich mir erschaffen habe.

Ganz besonders wichtig ist dein Image, wenn du damit Geschäfte machst, andere lehrst oder führst, oder dich entschieden hast, Menschen helfend, heilend, beratend zu unterstützen. Versuche nicht, eine Kopie von irgendjemandem zu werden. Eine Kopie ist immer eine Kopie vom Original.
Image bedeutet nicht, besonders brav zu sein und scheinheilig zu wirken. SEI DU!
Sei dein Original. Hab DEIN Image und frag dich, ob du wirklich bist, was du zu sein scheinst. Ehrlich mit sich selbst sein ist eines der wichtigs-

ten Dinge im Leben. Es ist mehr wert dich selbst zu sein, als der Gesellschaft zu liebe, so zu wirken, wie sie verlangt, dass du sein musst.

Sei EINS mit DEINER ART und traue dich, DICH SELBST ZU LEBEN.
Das ist ein wahres Image leben.

„Was möchte ich noch erreichen? Was schöpfe ich? Was bestelle ich im Universum? Welches Motiv habe ich dafür? Was kann ich selbst dazu tun?"

Auf keinen Fall solltest du jammern! Sei dankbar für das, was du bereits hast, bist und was bereits schon ist. Dazu brauchen wir einen gesunden Menschenverstand und unser *Bewusst-Sein*. So viele Menschen jammern immer um alles was sie nicht haben und vergessen, dass sie schon etwas ganz wichtiges haben: SICH SELBST!

Wahrscheinlich haben sie schon mehr als genug von dem was sie brauchen, haben schon viel erreicht im Leben und vergessen sich dafür zu bedanken. Wir sollten nicht dauernd unsere Gedanken auf das lenken, was wir nicht haben. Wo unsere Gedanken hin gehen, das bekommt Energie. Denke ich dauernd daran, dass ich zu wenig Geld habe, wird es immer noch weniger. Sei dankbar für das, was du hast und erwarte mehr davon! Wo meine Gedanken hin fließen, das bekommt Energie und bekommt dadurch mehr Stärke und Wirklichkeit. Leg deine Gedanken in Zukunft dort hin, wo sie hingehören, auf DEINEN REICHTUM AN ALLEM und nicht auf deine Sucht nach Mangel.

Ehre, was vor dir ist! Das ist ein ganz wichtiges Gesetz. Wer auch immer vor dir steht, ob Mensch, Tier oder Pflanze, ehre was vor dir ist. Ehre auch den, der dich im Spiegel anschaut, weil du ein Wunderwerk der Quelle bist und weil du nicht weißt, was für ein großes und leuchtendes Wesen in dem Körper steckt, das du im Spiegel erblickst.
Du weißt nicht einmal wer du bist! Deine Seele, wer ist sie, wer war sie, woher kommt sie? Keiner weiß es genau. Vielleicht bist du zum Heilen geboren worden und hast es noch gar nicht bemerkt! Achtet einander, ehret euch, habt keine Angst voreinander. Hab Achtung vor dir selbst, dann hast du auch Achtung vor den anderen!

DER, DER SICH LIEBT, LIEBT GOTT, DIE QUELLE UND KANN AUCH DIE ANDEREN LIEBEN.

Der ALLUMFASSENDE GEIST GOTTES strömt in uns und lässt unser Herz schlagen. Er ist das Leben, das Licht und gibt uns Leben. Das Licht ist da im Universum und strömt in uns, in unseren Sinusknoten im Herz und lässt es schlagen.
Bist du blockiert, kann diese Energie nicht richtig fließen und es kann zu Herzrhythmusstörungen kommen. Manchmal setzt man dann einen umge-

bauten Blinker ein, den wir Herzschrittmacher nennen. Er ist eine Hilfe, eine Krücke. Wir brauchen normalerweise solche Krücken wie Herzschrittmacher, Brille oder die 3. Zähne nicht, aber es ist gut, dass es sie gibt. Begrüße diese helfenden Krücken, wenn du sie nötig hast.
Der Körper kann schwach werden, wenn die Energie nicht richtig fließt und wenn der Körper nicht harmonisch schwingt. Mann kann dann Hilfe leisten, die Bahnen wieder frei machen, den Körper wieder in Schwung bringen, oder künstliche, natürliche oder geistige Krücken verwenden. Es ist nicht wichtig wie, hauptsächlich ist doch, du fühlst dich wieder gut, gesund und kannst, auch wenn du Krücken brauchst, dein Leben genießen.
Sei dankbar für diese Krücken und wünsche dir, dass du ohne sie auskommen kannst!

„Ist mein Leben sinnvoll?"

Versuche den SINN DES LEBENS zu erkennen. Du bist aufgefordert den Sinn deines Lebens zu erkennen. Wer den Sinn des Lebens nicht gefunden hat, kann nicht wirklich glücklich sein.
Es ist doch traurig, wenn ein Mensch sagt, er hat keinen Sinn mehr im Leben. Der Mensch braucht einen Sinn im Leben! Darum braucht jeder einen Sinn im Leben, sonst wirft man das Leben weg.

Haben deine Schuhe keinen Sinn mehr oder irgendetwas aus deinem Hausrat, dann wirfst du es

auch weg. Alles was du nicht brauchst, wirfst du weg, wenn es keinen Sinn mehr für dich hat.
Möchtest du das mit deinem Leben machen?
Wie viele Menschen tun das?

Die Selbstmordrate wird immer höher. Sinnlos und betrübt laufen die Menschen durchs Leben. Schau dich um! Meinst du wirklich, es ist dein Sinn im Leben, zu schuften bis du endlich dein Haus abbezahlt hast?
Meinst du dein Sinn im Leben ist es, einmal um die Welt zu reisen, einen Ferrari zu fahren und dergleichen?
Das ist nicht dein Lebenssinn!

Wenn der Sinn deines Lebens nachlässt, wirst du *„schwach-sinnig"* und dadurch unzurechnungsfähig. Alkohol, Drogen, Wut, Hass, Zorn, Jammer, Trauer und negative Gedanken tragen dazu bei *„schwach-sinnig"* zu werden und das Leben hinzuwerfen.
Deine GEDANKEN sollten LEBENSBEJAHEND und *„SINN-VOLL"* sein!

Wenn du schon am Morgen damit beginnst lebensbejahend (positiv) zu denken, bist du den ganzen Tag 100% bei dir. Wenn nicht, wirst du nicht 100% in Harmonie sein.
Jammerst du schon am Morgen, wirst du den ganzen Tag etwas zum jammern haben. Durch jammern sterben wir in Raten. Es ist wie ein langsamer, sanfter Selbstmord.
Die halbe Welt jammert sich zu Tode.

Wenn du dich, deine Seele und deinen Geist beherrschen kannst, dann wirst du nur so viel Alkohol trinken oder anderes tun, dass du dabei nicht
„schwach-sinnig" wirst. (Sinnes – Schwach, ohne
Lebenssinn = schwachsinnig).
Verbinde dich mit deinem geistigen Führer, damit er dir wenn nötig, einen Schuhtritt verpasst.
Er wird dir helfen, wenn du ihn bittest und du
mal zu schwach bist und meinst deinen Lebenssinn zu verlieren. Wir bekommen immer Hilfe,
wenn wir unsere Gedanken an den SCHÖPFER
lenken. Wenn du *„schwach-sinnig"* bist, bist du
nicht wirklich im Bewusstsein deines Wesens.
Manche werden sogar *„Bewusst-los"* dabei.

Wir brauchen alle eine Veränderung unseres
Seins! Wenn die Seele in Harmonie ist, dann lä-
chelt sie und du mit ihr. Sie verbiegt alle deine
Muskeln, Organe und Zellen. Du kannst es im Gesicht sehen. Ist deine Seele unausgeglichen, traurig, dann entsteht Disharmonie. Die Seele ver-
zieht das Gesicht, spannt die Muskeln, Organe
und Zellen an. Das kannst du nicht nur im Gesicht
sehen, auch an der Körperhaltung, je nach dem
wie lange die Seele schon unausgeglichen ist. In
der Harmonie der Liebe über die Seele, über den
Geist, über dein Denken, wird der Körper gesteuert und macht in diesem Sinne seine Tätig-
keiten.

Es ist wichtig, wie du denkst, wie du fühlst und
wie du handelst. Denn all das, wirkt direkt auf

dich und alles was du bist und ausdrückst. Dein Körper, dein Leben, dein Hab und Gut, dein Beruf, deine Umwelt, dein Charakter und deine Erfahrungen. Alles widerspiegelt wie du denkst und fühlst und dadurch handelst.

Du bist aus dem Meer des allumfassenden Geistes und aus dem Meer der allumfassenden Seelenwelt wie ein Tropfen Wasser hervorgekommen und du wirst eines Tages dorthin zurückkehren. Obwohl alles Denken, Fühlen und Handeln nach dem Tode aufhören, nimmst du dennoch die Reife und Erfahrungen deiner Seele mit. Du nimmst die Liebe, das Licht und das Gute mit.
Dein schulisches Verstandesdenken kannst du nicht mitnehmen, nur was in deiner Seele, in deiner Liebe und in deinem Sein im Guten Einlass gefunden hat, geht mit in das Leben nach dem Leben.

„Brauche ich einen Schutz? Wovor und wie soll ich mich schützen?"

Du brauchst einen sehr großen Schutz auf Erden. Denn eine sensible Seele wie du, verkraftet nicht immer alle Einflüsse hier auf Erden.
Die Erde ist ein Planet, wo sich alle Energien treffen, vor allem deshalb, weil der Mensch nicht nur gute Energien schafft.

Lege deine „rechte" Hand auf dein Herzchakra und bitte: *„Ich bitte um den allerhöchsten*

Schutz und die heilbringende Führung." Die Be-
rührung am Herzchakra ist ganz wichtig!

Vor mehr als 4.000 Jahren gab es ein Volk in Afri-
ka, das man oft mit der Hand auf dem Herz ab-
gebildet sehen kann: die Ägypter. Noch heute
weiß niemand wirklich, wie sie die Pyramiden
gebaut haben und woher diese hohe Kultur aus
dem Nichts kam.

Vor 2.000 Jahren gab es einen Menschen auf Erden, der die wahre Gottesnatur lebte. Er sagte:
„Ich und Gott sind EINS" und konnte Menschen
heilen. Auch er wird immer wieder mit der rechten Hand auf dem Herzen dargestellt.

Heute sind wir es, die diese einfache Technik
anwenden können, wenn wir wollen. Dieses Wissen wurde im Geheimen bewahrt, weil diese
kleine Geste eine unendliche Kraft in sich birgt.
Denn in dem Moment, wo du dein Herzchakra
berührst, werden alle Chakren eingeschaltet und
eine wunderbare Lichtenergie strömt in dich ein
und durchströmt dein gesamtes Sein, deine Aura
beginnt wie ein Diamant im Sonnenlicht zu leuchten, dein Schutzengel kommt ganz nahe an dich
heran und die Einheit mit Gott wird fühlbar in
dir. Nichts Ungutes kann diese Energie durchbre-
chen, nichts Übles kann an dich herankommen,
nur das Gute kann an dich herankommen.

Warum wissen die Menschen solche Dinge nicht?
Hat man uns tausende Jahre auf dem tierischen

Niveau gelassen? Extra, oder war es Unwissen-
heit?

Wir haben 7 Chakren, auch Energiepforten ge-
nannt. Davon sind fünf Chakren entlang der
Wirbelsäule platziert, welche auch wichtige Ner-
venknotenpunkte sind.

1. Das Wurzelchakra, am Steißbein
2. Das Sakralchakra, am Kreuzbein oder unter dem Nabel
3. Das Sonnengeflecht, Solarplexus-Chakra in
   der Höhe vom Magen
4. Das Herzchakra in der Mitte der Brust
5. Das Kehlkopfchakra, über der Schilddrüse

Von diesen 5 Chakren ist das Sonnengeflecht die
Mitte. Bei Tieren ist das auch so!
Jeder Mensch wird ab dem Sonnengeflecht nach
unten von der Erde und darüber vom Göttlichen
angezogen. Deshalb wird in der Meditation auch
empfohlen zu sitzen, statt zu liegen, weil beim
Liegen die Erde anzieht und somit die Entspannung, „das in sich hineintauchen" leichter funktioniert, jedoch beim Sitzen die Erhöhung und
das „nach oben gezogen werden" besser gespürt
wird.

Lange Zeit wurde den Menschen nur von den unteren 5 Chakren erzählt. Es war normal, dass das
Sonnengeflecht das mittlere Chakra war. Alle
spirituellen Übungen, gingen dadurch über das
Sonnengeflecht, nur leider hatte kaum jemand

das erreicht was er sich erhoffte.

Aus dieser Zeit stammt auch eine sehr interessante Übung, um sich relativ schnell mit Energie aufzuladen.
Die X - Stellung: Der Mensch stellt sich so hin, dass er wie ein „X" da steht, Hände und Beine in gleichem Abstand gespreizt, atmet dabei tief in den Bauch. Etwa nach 5 Minuten hat man seine Energie wieder aufgetankt. Bei dieser Übung fließen kosmische Energien durch die Hände zum Solarplexus und Erdenergien von den Füßen zum Solarplexus und vermischen sich dort. Wir brauchen als Mensch beide Energien, denn WIR SIND EINE BRÜCKE ZWISCHEN HIMMEL UND ERDE.
Wir verbinden damit beide miteinander.

Erst später (in hohen Kulturen und Geheimgesellschaften schon früher) wurde gelehrt, dass wir noch 2 Chakren mehr haben:

6. Das Stirnchakra, zwischen den Augenbraun über der Nasenwurzel
7. Das Scheitelchakra auf unserem Scheitel (Verbindung zu Gott)

Nun war nicht mehr der Solarplexus das mittlere Chakra, sondern das Herzchakra.

Heute wird gelehrt, dass wir nur über das Herzchakra wachsen und spirituell gedeihen können. Denn nur wenn das Herzchakra frei und nicht blockiert ist, kann die Energie in ihrem vollen

Maße zwischen Erde und Göttlichem, zwischen Geist und Materie strömen und nur dann können wir wahrhaft zu Gottmenschen werden. Das Herzchakra steht für allumfassende Liebe und Liebe zu sich selbst.

Allein DEINE RECHTE HAND AUF DAS HERZCHAKRA ZU LEGEN, lässt diese VERBINDUNG zum Göttlichen stärker in dir werden.

NUR ÜBER DIE LIEBE KOMMEN WIR NÄHER ZU UNSEREM GÖTTLICHEN SEIN.
NUR DIE LIEBE HEILT.
NUR DIE LIEBE HAT DIE ENERGIE UNSERE WÜNSCHE ZU VERWIRKLICHEN.
WIR SIND LIEBE UND LIEBE IST WAS WIR SIND.
ALLES IST LIEBE UND LIEBE IST ALLES.
LIEBE IST DER MITTELPUNKT UNSERES SEINS UND ALLEN SEINS.
LIEBE IST REINE SCHÖPFERKRAFT.

Denke daran, du brauchst immer einen Schutz und eine Führung. Ob du nun autogenes Training machst, meditierst, pendelst, Karten legst oder nur ein Gespräch mit Tante Emma hast.

Achte gut auf deine Wünsche, denn sie könnten in Erfüllung gehen!

Ich sollte verstehen, dass ich mir zwar alles wünschen darf, mich aber nicht wundern muss, wenn

ich das Gewünschte erhalte und ich immer eine
Reaktion auf meine Wünsche bekommen werde.
Ein Beispiel: Wenn du gerne einen bestimmten
Job möchtest oder unbedingt die Position von
deinem *„Vor-gesetzten"* hättest, dann nützt es
dir nichts, wenn du auf seinen Stuhl und seiner
Position sitzen willst.
Es ist nicht richtig, sich das zu wünschen.

Es könnte passieren, dass dieser Mensch seine
Arbeit verliert, weil du unbedingt an seinem
Platz sitzen möchtest.
Das nennt man: „Den Stuhl auf dem diese Person
sitzt absägen." Dann ist dieser Stuhl aber kaputt!
Wo willst du dich dann hinsetzen? Auf den abge-
sägten Stuhl?
Es ist besser, ihn auf einen höheren Stuhl zu ver-
lagern. Das gilt geistig, seelisch, wie in der Materie. Verwünsche den Anderen nicht, sondern
wünsche ihm, dass er Millionär wird, glücklicher
wird, gesünder wird und seine Erfüllung erhält.
Dir selbst wünsche besser, dass du den für dich
passenden Sessel, die für dich passende Position
erhältst. Wenn es nicht genau dieser Sessel ist,
so warten Millionen anderer Sessel auf dich. Öffne dich für die vielen Möglichkeiten, die für dich
bereit stehen!

Wünsche deinem Mitmenschen immer zuerst das,
was du selbst noch vermisst, erst dann wird es
auf dich zurückkommen oder in dich einkehren.

Wenn du jemandem Liebe wünschst, wird die Liebe schneller zu dir finden, wenn du jemandem Reichtum wünschst, wird Reichtum schneller zu dir finden. Wie reagieren die meisten Menschen auf Menschen, die haben was sie nicht haben? Neid, Eifersucht, Kritiksucht, Nörgeleien, Abwertung sind oft ihre Reaktionen: nur dann werden diese unguten Energien auch in ihr Leben treten. AKTION – REAKTION! Es ist ein Naturgesetz, dem keiner entrinnen kann, weder arm noch reich, weder blond noch brünett.

Schau, dass du, wenn du gehst, immer etwas Lebendiges zurücklässt und wenn es nur ein Lächeln ist!

Wenn dein Bewusstsein krank ist, wirst du im Leben hin- und hergestoßen. Ein Mensch der klarer sieht, bewusstseinserweiternder ist, wird mehr aufgerichtet sein und besser im Leben stehen. Er wird mit jeder Situation im Leben besser umgehen können und sie schneller und leichter überwinden können. Ein bewusster Mensch ist fest mit der Erde verbunden.

Er ist in der Mitte seiner Seele, fest auf dem Boden stehend und hat eine gute geistige Verbindung mit dem Göttlichen:

- er ist kein Träumer
- sein Geist ist auf Höheres, auf das Göttliche gerichtet

- seine Seele ist der Vermittler zwischen Geist und Materie
- er lebt und genießt die Materie

= EIN RICHTIG SPIRITUELLER MENSCH

Unser Geist sendet andauernd Gedanken aus und empfängt andauernd Informationen. Wir sind alle Sender und Empfänger.

Die Seele vermittelt ständig zwischen Geist und sich selbst und wandelt die Gedanken in Taten um oder bewegt damit unseren Körper.
Bewusstseinserweiterung bedeutet mit der Seele und unserem Körper besser verbunden zu sein, weil der Geist stärker durch uns wirken kann und wir klarer denken können.

Die Seele, der Engel in uns, verbiegt unser Gesicht zu einem Lächeln oder einem traurigen Ausdruck, sie macht das im selben Moment auch mit unserm Herz, Hirn, Darm, Magen und allen Organen.
Bewusstsein darüber zu haben ist Medizin.

Beginne mehr zu lachen, fröhlicher zu sein, optimistischer und lebensbejahender, dann wird auch dein Körper frischer und gesünder sein.
Wir kämpfen mit uns selbst, zwischen unserem Denken und unserem Handeln und dazwischen steht das Fühlen. So kommen wir nicht in eine Einheit, so werden wir nicht in Harmonie kommen.

„Ich möchte mich besser kennen lernen?"

Es gibt wunderbare Übungen zur Selbsterkenntnis:

Die Spiegelübung
Stell dich vor den Spiegel und schaue dich an!
Schau dir in die Augen!
Sieh den Engel hinter diesen wunderbaren Augen.
Sag zu dir: „Ich liebe mich!" und fühle es, sag es dir und dem Engel der aus deinen Augen blickt.
Frage dich: „Habe ich die Eigenschaften, die zu einem höheren Bewusstsein hinführen erkannt?"
Gib dir eine ehrliche Antwort!
Blicke dir dabei immer tief in die Augen.
Hast du Achtung vor dir, vor dem über dir, vor dem unter dir?
Lebst du Liebe, Glaube, Disziplin, klares Denken, Frieden, Harmonie, Begeisterung, ...?

DISZIPLIN! Niemand mag das Wort - und dennoch ist es unerlässlich, besonders bei Übungen wie diesen, die täglich gemacht werden sollten.

Suggestionen - Meditation - autogenes Training - Reiki - Healing und Entspannungsübungen
Setze dir Suggestionen, mache Meditationen, erlebe autogenes Training, heile dich mit Reiki oder einer anderen Heilmethode und erkenne dich durch Entspannungsübungen.
Schlafe nicht ein, wenn du mit dir arbeitest, gehe lieber gleich ins Bett schlafen, dann hast du

mehr davon. Habe Achtung vor dir selbst und den Engeln die dich bei den Übungen begleiten.
Sei dankbar, dass es dich gibt, denn DU BIST DEIN GRÖSSTER UND WICHTIGSTER ENGEL IN DIESEM LEBEN!

Spiegelspruch
Hänge ein Schild über deinen Spiegel im Bad oder WC und schreibe darauf:
„DU WILLST SEHEN WIE EIN ENGEL AUSSIEHT? SCHAU IN DEN SPIEGEL – DU SCHAUST DIREKT IN SEIN GESICHT!"

„Soll ich meditieren? Welche Meditation ist die Beste für mich? Wie mache ich eine Meditation?"

Ich sollte meditieren!
Ich brauche ein Motiv für meine Meditation, ein WAS WILL ICH!
Ich sollte wissen WARUM will ich das!
Was will ich damit?
Die Antwort sollte immer sein: „Es soll zum Wohle für mich und alle Menschen sein!"

Was sollte eine Meditation alles beinhalten?
Was willst du durch die Meditation erreichen?
GLÜCK! GESUNDHEIT! WOHLSTAND! SELBSTLIEBE! SELBSTSICHERHEIT! ERFOLG! HEILENDE KRÄFTE! KONTAKT MIT DEN ENGELN!
Frage dich: „Warum will ich das haben?"

Es sollte immer ein Motiv sein, das zum Wohle für dich und deine Umwelt ist!

Du selbst bist immer der/die Erste. Du kannst die Anderen nur zum lachen bringen, wenn du selbst lachst.

Wenn du beginnst für etwas zu meditieren, dann habe Disziplin und bleibe dran, heute, morgen, übermorgen bis du dein Ziel erreicht hast. Die Meditation wird jeden Tag zusätzlich dazu bei-tragen, dass du alles im Alltag bestens meistern kannst. MEDITATION GIBT DIR KRAFT.

Auch Tagträume können Meditationen sein. Im-mer wenn du über etwas nachdenkst, meditierst du. Träume - wenn dann schon große Träume! Denke nach über den 7. Sinn, über Hellsichtig-keit, über Wunder, über Heilung, über das Un-sichtbare, über Bewusstseinserweiterung, über Engel, über Gott und über dich. Allein das erwei-tert dein Bewusstsein.

Du siehst vieles nicht. Es gibt dennoch tausend Dinge, die für deine Augen unsichtbar sind. Du siehst dich selbst nicht einmal wirklich. Deine Seele, deine Aura, deine Chakren, deinen Atem, deine Gefühle und Gedanken, nichts von all dem kannst du sehen. Gott kannst du nicht sehen. Wie viele Bakterien sind um dich herum, die du nicht sehen kannst?

Jede Zelle in uns ist ein großes Kraftwerk mit unendlich vielen Atomen. 140 Billionen dieser Kraftwerke sind in uns. Wir sind ein wahrhaftiges Wunderwerk Gottes, wir sind gottähnlich. Dennoch fühlen wir uns schwach, weil wir meinen, wir seien nicht EINS MIT GOTT. Umso mehr wir mit dem Geist Gottes EINS werden, umso stärker werden wir und umso bewusstseinserweiternder werden wir.

Meditation, in die Stille gehen, Tagträumen, über diese Wahrheiten nach zu denken, hilft uns immer bewusster zu werden, immer mehr dieses Wunder das wir sind zu verstehen.

„Ist mein Unterbewusstsein ein Müllkübel oder eine Schatztruhe?"

Wenn du in die Stille einkehrst, in dich, in deine Mitte und meditierst, öffnet sich dein Unterbewusstsein.
Das Unterbewusstsein beinhaltet alle Informationen, die du dir vorstellen kannst. Aber Achtung! Wenn diese Schatztruhe in der Meditation aufgeht, öffnest du auch einen großen Mülleimer. Aller Mist, den du in deinem Leben angesammelt hast, liegt ganz oben in der Schatztruhe und möchte zuerst bearbeitet werden, bevor du zu deinem Schatz vordringen kannst. 80 % in deinem Unterbewusstsein sind Daten, die du nicht mehr brauchst, dich krank und unglücklich machen. Würde all das heraus kommen, wärst du erledigt.

Du würdest es nicht verkraften. Du solltest das Schritt für Schritt auflösen. Deshalb sollte eine Meditation auch ein Motiv haben und von dir selbst aktiv geführt werden.

Meditation darf nicht nur eine Einkehr in deine Mitte sein, denn wenn du nur einkehrst in dich, dann geht jedes Mal der Deckel deines Müllkübels auf und die Bilder laufen auf und ab in dir. So wirst du nur müde und machtlos. Viele Menschen möchten sich am liebsten vom Leben ausschließen und sich einsperren, sich nicht mehr dem Leben stellen. Manche kommen deshalb auch nicht mehr gerne aus einer Meditation zurück. Wir sollten aber ins Leben hinausgehen, um etwas zu erreichen.
Deshalb muss auch eine Meditation DYNAMISCH und LABIL sein. Wenn du in der Meditation schläfst, kannst du dir keine Suggestionen geben, du kannst nicht mit dir selbst sprechen und dich nicht selbst führen.

Wenn du meditiertst oder eine Entspannungsübung machst, sage dir immer: *„Mit jedem ausatmen, lass ich alles los, was ich nicht mehr haben will und brauche, bewusst oder unbewusst. Alles Alte, Krankmachende, Unharmonische und Verbrauchte verlässt mich. Mit jedem Einatmen werde ich erfüllt mit Liebe, Licht, Harmonie, Frieden und neuer Lebenskraft."*
So wird deine Seele die ganze Meditation hindurch deine Schatztruhe säubern und sie zusätzlich mit Gutem anfüllen. Wie beim Atmen die

verbrauchte Luft herauskommt, so lässt die Seele mit dem Atem auch geistig, seelischen Müll heraus. Die Naturgesetze des Geistes nehmen diesen Müll auf und wandeln ihn sofort um in Nichts. Zurück in dir bleibt nur das, was dich stark macht, das Niedere muss mit jedem Atemzug gehen. Es werden alle Emotionen in dir gelöst, die dich noch binden und hindern.

Du solltest dich nicht mit dem Müll in dir auseinander setzen, denn jedes Mal wenn du an deine vergangenen Situationen denkst, darüber heulst, jammerst oder sie dir einfach durch den Kopf gehen lässt verdoppeln sie sich. Bei jedem Mal darüber meditieren, aber auch reden und darüber nachdenken, erlebst du den alten Mist noch mal. Diese Katastrophe geben sich viele Menschen immer wieder und wieder.
Aufgelöst ist die Emotion gelöscht, aber die Erinnerung bleibt. Wenn du diese Suggestion in einer Meditation setzt, brauchst du dir um den Müll in deiner Schatztruhe keine Sorgen zu machen, sie wird automatisch gereinigt. Du kannst dich selbst prüfen, ob du deine Emotion zu einem bestimmten Thema gelöst hast. Wenn du daran denkst und keine Emotion mehr verspürst, dann hast du sie aufgelöst.

Du brauchst nur ins Dunkle Licht zu bringen, schon ist die Dunkelheit weg. Es reicht schon eine kleine Kerze in einem dunklen Raum, um in heller zu machen. Deine lebensbejahenden Gedanken bringen Licht und Leben in dein Unter-

bewusstsein. Jeder lichtvolle Gedanke macht dein Bewusstsein heller und klarer.
Meditation ist eine wunderbare Möglichkeit sich mit Licht zu erfüllen. Umso mehr Licht du in dir hast, umso heller strahlst du auch sichtbar durch dein Wesen.

Wo die Sonne scheint, brauchst du keine Kerze mehr. **Du bist ein Licht der Welt!**
Sorge vor!

Wenn du weißt, dass du bei einem Foto, bei einem Lied oder durch zu viel Alkohol wieder in die Emotion, die aufgelöst wurde, eintauchst, dann versuche davon Abstand zu halten. Lege alle Versuchungen weg, bis du wirklich ganz von der Emotion befreit bist. Egal ob zu Situationen, Menschen, Tieren, Erlebnissen, Traumen, schüre deine Erinnerungen nicht, solange du sie nicht aufgelöst hast.

Der Rest wird deine Seele tun, sie ist dein bester Therapeut. Hast du ihr gesagt, sie soll die Emotion auflösen, wenn du darüber meditierst oder mal sprichst, dann wird sie es schall- und klanglos für dich tun. Es ist sehr wichtig, sich innerlich von den Emotionen die dich herunterziehen zu lösen, denn durch jammern und klagen ziehst du dich hinunter. DEINE SEELE IST MÄCHTIG, also: „Löse die Emotionen!" und wenn es nicht alleine geht, dann lass dir von jemanden helfen, der sich mit Seelenkunde auskennt.

Wenn dein Unterbewusstsein nur Schönes und Gutes in sich trägt, dann ist es eine Schatztruhe. Doch leider ist es meistens so, dass 80% Mist in unserem Unterbewusstsein ist. Wenn es nicht so wäre, hätte jeder Glück, Gesundheit, Erfolg, Geld, Freude, Frieden und alles andere Schöne.

Wir handeln alle aus unserem Unterbewusstsein heraus und ziehen alle energetisch das an, was in unserem Unterbewusstsein vorhanden ist. Freude, wenn Freude darin ist, Krankheit wenn Kränkung darin ist. Wenn du jetzt schon Probleme hast, würde es noch schlimmer werden, wenn du den Deckel deines Unterbewusstseins öffnen würdest, ohne deine Seele um Unterstützung zu bitten und ohne deine Meditation selbst zu führen. Lass es langsam geschehen und arbeite täglich an dir!

Wenn du selbstsicherer bist, dann sagst du was nötig ist. Um Selbstsicherheit zu haben, brauchst du Disziplin und Vertrauen zu dir selbst und die Motivation dazu. Selbstmotivation ist Selbstständigkeit (zu sich selbst stehen). Fremdmotivation ist Abhängigkeit. Deshalb solltest du auch versuchen, deine Meditationen selbst zu gestalten und nicht nur mit einer geführten Kassette zu meditieren. Genau so ist es mit den Suggestionen und Bejahungen für dich selbst. Wer sich selbst suggeriert, kann nicht von anderen manipuliert werden.
Selbstmotivation ist immer wichtig. Du wirst nichts erreichen, wenn du dich nicht motivierst.

Du wirst keine Disziplin haben zu meditieren, wenn du dich dafür nicht motivierst.

Möchtest du erfolgreich sein?
Dann solltest du lernen SELBSTMOTIVATION zu haben. Sie ist erlernbar, wie auch Erfolg erlernbar ist.

Entspannung und Meditation kann so funktionieren, dass ich bei jedem Tun entspannt bin. Das kann man nur, wenn man darin Übung hat. Hinliegen und pennen kannst du immer und das kann jeder. Wir sollten lernen auch beim Sex, Kochen, Lieben, Reden und in allen Dingen des Alltags entspannt zu sein. Das Liegen und Sitzen bei einer Entspannung und Meditation ist nur die Übung.

Du kannst in jeder Meditation Suggestionen machen, die dich stärken, heilen und dich vorwärts treiben. Du kannst dir deine Zukunft vorstellen, sie erschaffen und du kannst bitten um alle Dinge, die du brauchst.

Das darf jeder und keiner ist vom Universum bevorzugt. Den Erfolg hat aber nur derjenige, der es tut und daran glaubt.

Bejahe das Leben! Bejahe dich!
Wenn nicht, dann vegetierst du dahin bis du in Raten stirbst. Nimm dein Leben in deine Hand, denn nur du kannst es führen. Nur du weißt tief in dir, was für dich im Leben wichtig ist.

Lebe Dich!
Wenn du noch nicht weißt, was du im Leben für
einen Sinn haben sollst, dann meditiere darüber,
bis du es weißt. Wichtig ist, zu wissen warum du
bist.

Es gibt vieles was du tun kannst!

Ein Jeder will dir etwas sagen, dich befehlen und
dich manipulieren. Bewusst oder unbewusst funktioniert das in unserer Gesellschaft einfach so.
Die Werbung will dir etwas verkaufen, dein Partner dich so haben, wie er meint dich zu sehen,
die Eltern wollten dich brav haben, wir sollten so
sein, wie die Gesellschaft es möchte.
Wir werden dauernd gefordert und manipuliert.

Geh hinaus in die Natur und schaue dir eine Rose
an: sie ist ein Wunder, sie duftet, sie ist schön,
sie sagt und befiehlt dir nichts, sie manipuliert
dich nicht, sie lässt dich gewähren. Die Natur
fordert nichts von uns, sie gibt uns und lässt uns
sein wie wir sind. Sie fragt nicht wer du bist und
wie du heißt, ob du Geld hast oder ein reines
Gewissen, sie lässt dich einfach gewähren.

Du kannst von der Natur sehr viel lernen.
Gehe hinaus und beobachte die Natur und ihre
Gesetze. Sie ist ein wahrer und sichtbarer Lehrer. Um die Natur wirklich zu genießen, gehe
manchmal einfach alleine hin, denn um dich herum, hast du genug Kommandanten, die dir sagen

was, wie und wo für dich am Besten ist.
Du kannst Pause machen, deine Gedanken ord-
nen, die Elemente genießen. Vor allem kannst du
die sichtbare Natur bestaunen, sie beobachten
und von ihr lernen.

OB PFLANZEN ODER TIERE, SIE HABEN ALLE EINE
SEELE WIE DU, ihr seid seelische Geschwister.
Die Natur ist ein sichtbarer, geistiger Lehrer, von
ihr lernst du die Naturgesetze, die auf alle im
Universum wirken, am Besten kennen.
Du bist ein Teil der Natur!

Manipuliere nicht!

Wenn du meditierst oder für jemanden betest,
versuche niemals an andere Menschen Gedanken
zu übertragen, die nicht zu ihrem Wohle sind.
Versuche niemals einem Menschen dein Ego auf-
zudrücken oder ihn zu manipulieren.
Das kommt immer tausendfach auf dich zurück.
Die Kraft der Gedanken hast du, doch was du
denkst und aussendest, dafür bist nur du alleine
verantwortlich.

Verbinde dich auch nicht mit Meditations- und
Gebetsgruppen, die dafür Energie aussenden
dass sich ein Liebespaar trennt oder sonst ir-
gendwie manipuliert. Ich kenne da Gruppen, die
beten, dass ein homosexueller Mensch wieder
heterosexuell wird oder ein Liebespaar sich
trennt, weil sie aus ihrer Sicht nicht zusammen-

passen oder es nicht sein soll. Das ist sehr gefährlich.

Hier sind sehr starke egoistische und manipulative Energien am Werk, man könnte auch sagen, dämonische, schwarzmagische Energien. Denn immer, wenn du gegen den freien Willen eines Menschen wirkst, ist es schwarze Magie. Sogar dann, wenn du das Wort Gott verwendest und meinst du tust etwas Gutes. Gott ist es egal, um was du bittest, er gibt nur die Energie dafür. Er urteilt nicht, aber die Gesetze der Natur geben dir immer zurück, was du aussendest.
Bewusst oder nicht bewusst, du wirst den Lohn deiner Gedanken selbst erhalten.

Ganz besonders möchte ich hier mal die Kirchengänger ansprechen, die meinen, sie könnten sich hinter dem Kreuz verstecken und dann frei heraus die Menschen in ihrer Umgebung mit ihren manipulativen Gebeten vergewaltigen.

Ebenso diejenigen, die das auch noch aus höheren Ebenen der Kirche unterstützen. Auch diejenigen, die mit Fingern auf andere zeigen, sie verurteilen und nicht um ein Cent besser sind als die anderen. Sie predigen „Liebe" und schüren „Dis-harmonie", das wird durch die Macht der Naturgesetze eines Tages auf sie zurück fallen. Gott urteilt nie, denn er ist Liebe und gewährt dir sowohl deine Fortschritte, als auch deine Rückschritte. Nur der Mensch urteilt und verurteilt.

Karma, Krankheit, Leid, Not, Armut entstehen nur durch destruktives Denken und unharmonisches Handeln. Es gibt keine Sünden und keinen Teufel, auch keinen Gott auf einer Wolke, der dich bestraft und dir deswegen zur Sühne Leid schickt.

Nur der irre Gedanke, dass das wahr sein könnte, vergiftet die Erde mit allen ihren Religionen und Fanatikern.

Mögen die Menschen aufwachen!

Beginne DU damit! Hinter dem Kreuz versteckt sich Macht und Gier. Dein Seelenheil kannst du nur in dir selbst und in der Verbindung zu deinem göttlichen Sein finden. Du brauchst niemand zwischen dich und Gott zu stellen, keinen Vermittler, keinen Pfarrer, keine Kirche, weil du selbst EINS mit Ihm bist.
Deine Seele war bereits vor den Kirchen und vor den Religionen hier. Gib nicht deine Macht an etwas ab, das gar keine Macht über dich hat, es sei denn, du lässt es zu. Das hast du die letzten tausend Jahre zugelassen - jetzt sollte Schluss damit sein.

Werde dir bewusst, dass du EINS BIST IN GOTT und DIREKT MIT IHM VERBUNDEN bist.

GOTT UND DU SIND EINE EINHEIT!

Hab Hoffnung in jeder Situation!

Steh immer wieder auf!
Egal in welcher Situation du gerade bist. Es
kommt nicht darauf an, wie oft du hinfällst, aber
wie schnell du wieder aufstehst.
Es kann sein, dass du trotz all deinem Wissen und
Vertrauen nicht genau das erreichst, was du gerne möchtest. Lass dich nicht zu tief fallen, sondern sehe jegliches „*Pro-blem*" als Herausforderung für dich.

Es gibt keine *Probleme*, sondern nur Pro-bleme.
Es sind Erlebnisse die uns herausfordern etwas zu
tun. Neues zu gestalten, zu verändern, manchmal loszulassen und uns wachzurütteln. Genau in
diesen Situationen ist es gefragt, sozusagen „positiv zu denken".
Wenn es einem gut geht, kann das jeder.
Du hast geistige Hilfe!

Du wirst vom Göttlichen gelenkt und geführt.
Jedes Erlebnis trägt dazu bei, das zu erreichen,
was dich zum Sein des Lebens hingeführt hat.
Deine Seele ist nicht umsonst da, wo sie das
Göttliche hingestellt hat.

Durch Gebet, positive Bejahung und Meditation
wirst du immer mehr und mehr in deinen Lebenssinn hineingeführt. Du wirst immer mehr verstehen lernen und bewusster werden. Diese Metho-
den haben nicht den Sinn, dass du in deinem Leben unachtsam sein sollst und einfach nur so vor

dich hin lebst. Das Göttliche, die Engel unterstützen dich gerne in deinem Leben. Einfach nur zu glauben, alles tut sich von alleine, ist Träumerei.

Ich kann nicht beten: „Gott, Engel, mach dies, gib jenes ...!" und schimpfe dann mit Ihnen, weil ich nichts erhalten habe.

Sie sind nicht unsere Sklaven, sondern unsere Helfer und stehen uns nur bei in dem was wir tun. Also spuck in deine Hände und tue selbst, in dem Bewusstsein, du bist eine mächtige Seele mit mächtigen unsichtbaren Freunden und einer großen göttlichen Macht hinter dir.
Was kann da noch schief gehen?

Achte darauf, was du tust und mit wem du es tust!

Immer öfters beobachte ich, dass sich Menschen hinter dem Computer verstecken. Sie chatten, spielen, schreiben und hoffen. Stunden vergehen, aber noch keiner hat dich geküsst, noch keiner hat dich umarmt, noch keiner hat dich gestreichelt, noch keiner gab dir das, was du eigentlich gesucht hast: LIEBE!

Doch genau daran fehlt es den Menschen.
Den Menschen fehlt es an Liebe, Wärme, Verständnis, Zärtlichkeit und Angenommen sein.
Wer sich hinter dem Computer versteckt, be-

kommt eine verkrüppelte Seele, weil ihr das Wichtigste fehlt. Sogar dann, wenn ein Treffen zu Stande kommt, wie oft bleibt der Mensch nach dem Sex oder nach dem Gespräch wieder allein und leer zurück?
Der Prozentsatz derer, die sich wirklich über den Computer kennen und lieben gelernt haben, ist gering.

Kommunikation und das persönliche Miteinander ist für uns Menschen sehr wichtig.
Lerne wieder den Menschen zu sehen, ihn zu verstehen, hin zu hören, gemeinsam etwas zu unternehmen, haltet euch, gebt euch Mut und Kraft, nehmt euch Zeit füreinander. Liebt euch!

Es gibt auch Liebe ohne Sex, wenn noch kein passender Partner vorhanden ist. Freunde zu haben, ist ein Geschenk des Lebens. Um Freunde zu haben, muss man lernen selbst Freund zu sein.
Freund kommt von Freundlichkeit und Freude.
Der Computer wird dir niemals die Nähe geben können, die du suchst und auch nicht den Menschen ersetzen, den du brauchst.

Menschen die glauben, sie brauchen keine Partnerschaft, keine Liebe und keine Freunde, sollten sich dringend daran machen, ihre Seele wieder in Form zu bringen. Wenn der Mensch so denkt, sind seine Gefühle schon sehr verkrüppelt.

„Ich fragte mich, ob man Sexualität und Spiritualität miteinander vereinbaren kann?"

Anscheinend hat Sexualität nichts mit Liebe zu tun?
SEXUALITÄT IST LIEBE, ist körperliche Liebe, ist das Spiel der seelischen Liebe!

Solange alle Wesen, die sich mit LIEBE MACHEN verbinden, damit einverstanden sind und sich aus freiem Willen hingeben können, ist Sexualität etwas Göttliches.

Falls du *„Pro-bleme"* damit hast, weil du bisher durch Kirche und Erziehung manipuliert wurdest, falsche Vorstellungen darüber hast, dadurch impotent wurdest, Sex dich ängstig, stresst oder du Sexprobleme hast, dann suggeriere dir folgendes:
„Jedes mal, wenn ich Liebe mache (Sex), werde ich harmonischer und glücklicher."

Gott hat nichts dagegen, wenn du die materielle Liebe genießt. Du tust dir nichts Gutes, wenn du dich dafür verurteilst.

Ein Orgasmus ist eine Vorstufe der göttlichen Ekstase, in der Einheit der Erleuchtung im Geiste Gottes. Es ist die Verschmelzung von Körper, Seele und Geist und verbindet die Wesen auf allen Ebenen ihres Seins.

WIR SIND ALLE IN GOTT UND AUS GOTT UND

WENN DAS SO IST, KANN SEXUALITÄT NUR INNER-
HALB GOTTES STATT FINDEN.
Liebe dich und deinen Nächsten wie dich selbst!

**„Hab ich in meiner Partnerschaft das Lebens-
gefühl und den Sinn, die ich suche? Habe ich
mir überlegt, was ich ihr geben will und was
ich gerne von ihr haben möchte?"**

Du solltest auf alle Fälle, trotz Partnerschaft
deinen eigenen Weg nicht verlieren, deine Träume behalten, deine Freunde pflegen und deinen
Lebenssinn finden.

Partnerschaft ist nicht dein Lebenssinn. Ein Partner kann dir ein Begleiter im Leben sein, eine
Stütze, jemand der MIT dir, aber NEBEN dir
durchs Leben geht. Jeder auf seinem Weg. Auch
du hast das von deinem Partner zu respektieren.
Denn falls dein Partner einmal geht und eure
Wege nicht mehr die Selben sind oder er dieses
Leben verlässt, dann musst du stark sein. Du
kannst nur dann stark sein, wenn du deinen Lebenssinn nicht nur in deinem Partner siehst,
sonst stirbst du fast mit ihm mit.

Partner sollten sich seelisch begegnen! Es ist die
wichtigste Ebene einer Partnerschaft. Es ist die
Ebene der Liebe. Wer sich wirklich liebt, findet
gemeinsam immer einen Weg. Das Körperliche
und Geistige ist natürlich auch wichtig, hier sollte die Liebe übergeordnet sein. Dennoch ist eine

Partnerschaft wie ein Wesen aufgebaut, ein Wesen mit Körper, Seele und Geist. Ist eines davon in Disharmonie, wird das Wesen krank. Beide Partner haben also immer die Aufgabe, dieses Wesen der Partnerschaft in Harmonie zu halten oder es wieder in Harmonie zu bringen.

Einer alleine schafft das nicht, es braucht immer beide, um daran zu arbeiten. Partnerschaft ist immer gemeinsame Arbeit, wie man auch immer an sich selbst arbeiten muss um etwas zu erreichen. Meditation, reden, offen sein, sich gegenseitig Gutes tun, hinhören, streicheln, verwöhnen, gemeinsam etwas unternehmen, sich seelisch und körperlich lieben, all das sind wichtige Komponenten einer harmonischen Beziehung. Verschließe deine Augen nicht, wenn deine Beziehung nicht so aussehen sollte, sondern ändere etwas. Ändere dich, deine Gedanken über die Partnerschaft und über den Partner. Meistens reicht das um die Partnerschaft wieder zu heilen. Aber gib dich nicht auf, für etwas das nicht mehr zu retten ist und lass los was nicht mehr in LIEBE ist.

„Was beeinflusst mein Leben? Hab ich schon mal überlegt wie oder wo ich mich direkt oder indirekt belasten kann? Tut mir alles gut, was ich um mich habe?"

Viele Sachen beherrschen uns und unser Leben, ohne das wir es merken oder bewusst wahrnehmen. Der Computer, das Handy, der Fernsehen, die Kreditkarte, das riesige Angebot der Industrie, sind alles nur Dinge uns zu kontrollieren, unsere Meinungen zu bilden und uns von uns selbst abzulenken.

Möchtest du nicht manipuliert und kontrolliert werden, dann denk auch daran, wenn du mit Kreditkarten bezahlst, Punktekarten im Geschäft verwendest, Satellitenautokarten verwendest, ein Handy benützt; es werden alle Daten von dir erfasst. Du legst es dir selbst auf.

DU ENTSCHEIDEST, ob du es möchtest oder nicht. Versuche wenigstens, so wenig wie möglich kontrolliert zu werden. Es ist deine Freiheit, die du einfach ohne nachzudenken verschenkst.
DAS IST AUCH BEWUSSTSEINSERWEITERUNG.

Mikrowellen beschießen unsere Nahrung und machen sie von vornherein chaotisch und bringen die Energien vollkommen in Unordnung.

Wir essen Fertigsuppen, Fertiggerichte, Hamburger aus Großbetrieben und die ganze Palette von Angeboten der Fast Food Industrie. Was Lebensmittel sein sollten, sind nur noch Überlebensmittel. Unsere Zellen bekommen Mist als Nahrung aus Faulheit und Profitgier. Wundere dich nicht, wenn dein Körper faul und krank wird.

In der heutigen Zeit, ist alles fertig. Die Suppe, der Kuchen, sogar unsere Gedanken werden uns schon fix fertig serviert. Die Zeitungen bilden unsere Meinung, der Fernseher gibt uns Wissen, die Schulbücher sagen was wahr ist …

Wo denkt der Mensch noch selbst?
Denkst du noch selbst?
Entscheidest du selbst?
Was machst du?
Wo bist du?
Wer bist du?
Warum lässt du dir das alles gefallen und machst noch freudig mit?
Woher holst du dir dein Wissen und deine Meinungen?

Die Statistiken sind immer nur für die Industrien und Millionäre gemacht.
Die Wissenschaft wird von ihnen bezahlt. Die Forschung wird von ihnen bezahlt. Die Erfindungen werden von ihnen gefördert. Und du glaubst den ganzen Mist?
Sind sie wirklich weiser als das Göttliche in uns?
Warum gibst du deine göttliche Macht einfach ab?

Hochspannungsleitungen sind nicht abgesichert. Es sind Drahtseile. Sie können 50 – 150 m ausstrahlen! Warum baust du darunter? Warum spazierst du darunter? Elektrosmog geht durch und durch, Mikrowellenstrahlen gehen durch und durch, Infrarotstrahlen gehen durch und durch. Wir sind ein Wesen aus Strahlen und Energie. Meinst du wirklich, du musst dich freiwillig über

längere Zeit diesen destruktiven Strahlen ausset-
zen? Du entscheidest in deinem Leben.

Biokost ist nicht immer besser und reiner! Hat
die Kuh den Rinderwahn und du isst davon, ist er
auch in dir. Aber auch der Salat hat Rinderwahn,
weil er mit Kuhmist gedüngt wird. Alles wirkt auf
alles durch seine Schwingung. Du entscheidest
was du dir in deinen Mund steckst.
DU BIST DER KONSUMENT! Guten Appetit!

Wir können ohne Handy und Computer kaum
mehr leben. Sie sind auch nicht das Problem. Wir
sind das Problem!
Wie gehe ich mit all diesen Dingen um?
Das ist unser Problem!

Wir machen uns abhängig von diesen Dingen, wir
lassen zu, dass uns die Materie beherrscht. Doch
wer war der Schöpfer der Materie?
Wir Menschen! Wir sollten die Materie beherrschen, sie nutzen und gebrauchen, für die Zwe-
cke wofür sie erschaffen wurden, aber nicht um
uns von ihnen abhängig zu machen und sie zu
unserem Problem werden zu lassen.

Nicht die Industriellen und die Mächtigen sind
schuld, dass wir manipuliert werden. Wir lassen
es zu, dass man uns manipulieren kann. Wir haben die Macht abgegeben und glauben alles, was
man uns vor die Nase setzt. Wir kaufen all den
Dreck, den man uns anbietet. Wir essen gequäl-
te Tiere und vergiftetes Gemüse. Wir kaufen

Kleider die von Kinderhänden gemacht sind.
WIR SIND DIE KONSUMENTEN!

Wir haben verlernt bewusstseinserweiternd zu
denken. Wir sollten wieder beginnen unsere
rechte Gehirnhälfte mehr zu aktivieren und die
linke Hirnhälfte nur zur Ausführung zu benützen.
Wir sollten wieder lernen die innere Weisheit und
unsere göttliche Macht zu gebrauchen. Dann
würde vieles auf dieser Erde ganz anders aussehen und sein. Es nützt uns nichts, mit den Fingern auf andere zu zeigen, sondern wir sollten
ENDLICH wieder lernen an uns zu denken und das
ändern, das wir bereit sind zu ändern.

Die Menschen werden ständig manipuliert. Die
einzige Chance herauszukommen ist BEWUSST-
SEINSERWEITERUNG, SELBST(-MANIPULATION)-
BESTIMMUNG und der GLAUBE AN SICH SELBST
und DAS GÖTTLICHE IN UNS.
Denke immer mehr auch mit der rechten Hirnhälfte!

Jeder Mensch ist verantwortlich für sein Tun,
aber auch für sein Nicht-tun! Es kommt jede Tat
auf uns zurück, das ist ein Naturgesetz. Wegschauen, nur weil es einfacher ist und man sich
den Dingen nicht stellen muss, ist Feigheit.
Öffne deine Augen, öffne deinen Mund, öffne
dein Herz und öffne dein Bewusstsein. Werde
verstehender und sehender für all die Dinge, die
sich um dich herum tun. Lerne über deinen Tel-
lerrand hinaus zu sehen und höre auf zu allem

„ja" und „Amen" zu sagen. Lass dich nicht weiterhin anlügen und manipulieren. Du solltest dir selbst mehr wert sein.

DU BIST EIN ENGEL, EIN GÖTTLICHES WESEN, EINS IN GOTT. Du bist kein Sünder, kein Wurm, der auf der Erde kriecht um zertreten zu werden. STEHE AUF UND SEI!

Wundere dich also nicht, wenn kein Frieden ist, Krankheit ist, Unheil ist. DU hilfst täglich mit dies zu erschaffen. Nimm deine Schöpferkraft an und schöpfe in der Weisheit deines eigenen Wesens, das von Gott ist und die eine Kraft des „ICH BIN" auf Erden ausdrückt.
DU BIST GOTT IN INDIVIDUELLER FORM!
Die Zeit des Wurmes ist vorbei, ES LEBE DEINE GÖTTLICHKEIT!

Was denke ich den ganzen Tag?

Ein Gedanke vernichtet den anderen!
Ein Gedanke stärkt den anderen!
Denkst du etwas, das nicht so vorteilhaft ist, dann lege gleich einen Gedanken nach, der vorteilhafter ist. Denkst du bejahend, dann bleib dabei, denn es wird stärker werden. Denkst du negativ, lerne einen positiven Gedanken nach zu senden, er löst den negativen auf und nimmt ihm die Kraft.

Kommt ein guter, ideenreicher Gedanke, schreib ihn dir auf. Ein Erfinder hat immer Block und Stift dabei. Denn wenn du den Gedanken nicht gleich aufschreibst, ist er wieder weg und es könnte sein, dass genau dieser Gedanke nie mehr wieder kommt und sehr wichtig für dich war.

Es ist gerade in der Meditation sehr hilfreich, die Gedanken einfach kommen und gehen zu lassen. Du solltest lernen, deine Gedanken anschauen zu können, ohne dass du dich damit beschäftigst - nur beobachten. So kannst du erstens leer sein und zweitens deine Gedanken kontrollieren.

Gedankenkontrolle ist sehr wichtig.
Woher willst du wissen wie du denkst, wenn du deine Gedanken nie kontrollierst?

Jeder Gedanke wird aus deinem Geist über die Seele geleitet. So wird jeder Gedanke zur Manifestation. Dein Wille hat 10% Macht, dein Wollen 90%. Erst wenn dein Wille mit deinem Wollen übereinstimmt, ist der Gedanke wirklich kraftvoll.

Das Wissen und die Weisheit sollten eine Einheit sein. Deshalb werden Wünsche, die Energie in sich tragen, schneller erfüllt, also solche die nur aus dem Willen kommen. Ein wahrer HERZENS-WUNSCH hat die größte Kraft.

Man sagt: „Du sollt nicht mit dem Kopf durch die Wand gehen!" - wie wahr, denn das ist reines

Kopfwünschen und ein Durchdrücken des Egos auf biegen und brechen. Solche Wünsche sind meistens nicht die Besten für dich und dein Leben.

Deine Wünsche sagen viel aus über das was du denkst. Also, ACHTE GUT AUF DEINEN WÜNSCHE, DENN SIE KÖNNTEN IN ERFÜLLUNG GEHEN!

Was du denkst, sprichst du, danach handelst du und so wird dein Leben sich dir zeigen. Etwas das man immer wieder wiederholen könnte, damit der Mensch es auch wirklich versteht.

Hör dir selbst zu, was du sprichst.
Wie sprichst du über dich selbst, über die Menschen, über deinen Beruf, über deinen Partner, über deine Freunde, über die Natur?
So lernst du immer mehr und mehr zu erkennen, wie du denkst.

Schau auch auf deine Aussprache. Wenn du oft im Satz Wörter wie: „blöd, geil, brutal, wahnsinnig, irrsinnig, dumm" verwendest, dann streiche sie aus deinem Sprachgebrauch und ersetze sie durch schönere, wertvollere und energetischere Worte.

Wörter haben ihre Kraft und wirken auf dich selbst zurück, auch dann wenn es nur Modeworte sind.

Das was du denkst, sprichst, redest und machst, kommt auf dich zurück! Nur du kannst für dich entscheiden, was zu dir zurückkommen soll!

Gedanken können verschiedene Wege haben. Gedanken können von unserem Unterbewusstsein kommen und wir denken dann so zu sagen automatisch. Von der Zeugung bis jetzt, alle unsere Gedanken die wir hatten sind im Unterbewusstsein gespeichert.

Von Zeugung bis Geburt haben wir am meisten Gedanken von unseren Vorfahren übernommen und sie sind die am schwierigsten Überwindbaren. Haben wir dort sehr negative Gedanken übernommen, haben wir meistens kein starkes Fundament, um ein massives Haus unseres Lebens darauf auf zu bauen.
Je mehr wir im Leben erreichen wollen, um so ein stärkeres Fundament brauchen wir.

In unserem Denken haben wir auch das sogenannte Wachbewusstsein und über unsere Sinneswahrnehmungen, welche die Spione der Seele sind, werden wir beeinflusst. Höre ich Gutes, geht es von der Seele zum Geist und versucht sich zu manifestieren. Dann geht es vom Geist zu meinem Denken und von meinem Denken aus in mein Unterbewusstsein. Jetzt holt es von dort Erinnerungen. Es sucht solange bis es eine passende Erinnerung findet, die in Übereinstimmung mit dem Gehörten liegt und bringt eine Erinne-

rung oder ein Gefühl dazu in mein Wachbewusstsein. Dementsprechend reagieren wir dann. Entweder verbiegt die Seele den Körper oder wir sinnen darüber nach, sind verunsichert, fröhlich, je nach dem was wir mit dem Gehörten in Verbindung bringen. Alles was wir einmal im Leben gehört, gesehen, gerochen, gefühlt, gespürt, geschmeckt und erlebt haben - bewusst oder unbewusst - wird gespeichert und in dem Moment wo es gebraucht wird, wieder abgespielt und wiedergegeben.
Wir reagieren aus der Vergangenheit.

Du siehst etwas, hast etwas oder kannst sagen was das ist, weil es in dir drinnen ist. Es ist abgespeichert in deinem Unterbewusstsein. Sag einmal auf Aramäisch: „Das ist ein Tisch!"
Du kannst es nicht! Es sei denn, du hast es gelernt. Aber wenn dein Bewusstsein erweitert ist, kannst du auch sagen warum das so ist, wie es entstanden ist und bist dir bewusst um das Drumherum. Du wirst dann auch versuchen, darüber hinaus zu denken und zu erkunden ob deine Vergangenheit spricht und sie noch immer die Wahrheit für dich ausdrückt oder ob ein Umdenken notwendig ist.

HEUTE BIST DU MÜNDIG!
Du kannst selbst entscheiden, was du in dich hinein lässt, aber auch, ob das, was anscheinend so ist und du glaubst, nur Schein ist. Du könntest heute entscheiden nur noch Lehrreiches anzunehmen, denn alles andere ist nur Massenver-

dummung. (Fernsehen, Klatschzeitungen, Romane, Nachrichten)

Das Wachbewusstsein, dass Bewusstsein mit dem du dich bewusst verbindest und mit dem du im wachen Zustand denkst, sucht immer im Unterbewusstsein nach einer Bestätigung. In dem Moment wo es eine Übereinstimmung findet, kommt diese Erfahrung aus deinem Bewusstsein. ACHTE GUT AUF DEINE GEDANKEN, denn sie könnten nur Geister und Gewohnheiten aus der Vergangenheit sein.

Woher kommen die wahren, geistreichen Gedanken?

Die Gedanken, die Erfinder, Erleuchtete und Mystiker bekommen, sind aus dem Universum, direkt aus dem Geist Gottes. Es sind Inspirationen aus dem Geistigen. Man sagt auch, innere Weisheit, innere Stimme oder erleuchtende Gedanken. Es ist ein Gedanke der aufblitzt oder ganz leise in deinem Herzen ruft und schon wieder vorbei ist. Deshalb reagiere gleich. Schreibe dir auf, wenn dir ein Gedanke seltsam vorkommt, so als wäre es nicht dein eigener, wenn du, wie man sagt: „einen Geistesblitz" bekommen hast.

Jede Erleuchtung, jede Erfindung, jede neue Idee, jede Intuition kommt wie ein Blitz, nie ganz eindeutig, nur wie eine Überschrift. Es ist wie wenn du nachts unterwegs bist und es kommt

ein Auto - du siehst nur kurz das Licht, hast aber sonst nicht viel erkannt. Du weißt, es war ein Auto, nicht aber was für eine Automarke. Du hast nur die Autolichter erkannt.
Genau so funktioniert es mit einer Erfindung.
Es ist nur ein kurzer Gedanke. Dieser Gedanke kommt direkt aus dem Geistigen und geht in dein Denken ein. Diesen Gedanken solltest du dir merken.

Dann gehe in eine Meditation, entspanne dich und hole dir den Gedanken noch einmal her. Frage: „Was soll ich mit diesen Informationen tun?" Auf einmal darfst du alles erkennen. Ein Gedankenblitz nach dem anderen wird dir aufgehen und auf einmal ist es so, als ob die Sonne aufgegangen ist. Du siehst um was es geht. In unserem Beispiel wäre es plötzlich Tag und du könntest die Automarke und seine Farbe sehen. Doch dann musst du selbst etwas tun, um diese Information umzusetzen. Mehr wirst du nicht bekommen.

Du hast das sicherlich schon so ähnlich erlebt. Vielleicht als du nicht mehr wusstest, wie es mit einer Situation weitergehen sollte. Eine Ahnung hattest du. Doch wenn du ihr nicht nachgegangen bist, hast du sie wieder verloren. Bist du ihr nachgegangen, hast du sicherlich eine klarere Antwort bekommen. Hast du dich getraut, diesen Weg zu gehen, diese Entscheidung zu tragen? Du bekommst immer Informationen aus dem Geistigen. Die Frage ist nur: „Hörst du ihr zu, nimmst

du sie wahr, hörst du auf deine Intuition und fragst du nach mehr Informationen?"
... und deshalb: solltest du immer noch weiter machen und immer etwas tun um was zu erreichen.

Jeder Mensch sollte jeden Tag, mindestens 15-30 Minuten in die Stille seines eigenen Seins gehen, um von dem Geistigen Informationen, Antworten und Geistesblitze zu bekommen. Lerne hinzusitzen und auf den Geistesblitz zu warten, wie die Katze vor dem Mausloch auf die Maus wartet.
In dir hörst du die Stimme des Universums am besten, denn du bist ein Teil von ihm. Du brauchst einen Willen dazu, Durchhaltevermögen und Ausdauer, denn nur so kannst du etwas erreichen. Wenn du nicht gleich eine Antwort oder einen Geistesblitz bekommst, habe Geduld!

Wir brauchen nun mal Ausdauer und Geduld, denn wenn es immer gleich passieren würde, würden es schon alle Menschen machen. Da dies nicht so ist, halten die meisten Menschen gar nicht durch und geben viel zu früh auf. Dann haben sie zumindest die Bestätigung: „Ich habe ja gewusst, das nützt alles nichts!"
Sei du etwas klüger, halte durch, beharre, verharre, erwarte, sei bockig, stolz und motiviert. Wenn der Geistsblitz kommt, dann wird es dafür in dir leuchten.

„Was kann ich zur Erfüllung meines Ziels tun?"

Der Mensch braucht immer Antrieb! Wenn er von irgendwas angetrieben wird, führt in das zu gewissen Gedanken. Ist der Antrieb negativ, kommt es zu Reaktionen wie: ich bin zu arm, zu schwach, zu dick und dergleichen. Dann wird der Mensch schwach, versucht sich dem Antrieb anzupassen und verliert sich oft in seinem Denken an Mangel. Er wird zum Waschlappen, zum Jammerer, kränkt sich und wird krank. Wie bekommt man so einen Menschen jetzt wieder zu einem neuen Antrieb?

Wie kann man solche Menschen am besten motivieren/manipulieren/beeinflussen, so dass sie von ihrem Jammern doch wieder zur Hoffnung zurückkommen? Ganz einfach!
Unser Staat macht für Leute, die sich abschuften und dabei nichts verdienen, eine Lotterie. Dann arbeiten sie wenigstens brav und haben doch Hoffnung eines Tages das große Geld zu verdienen. Schade, dass der Mensch nicht seinen eigenen Antrieb findet. Die Chancen, durch Lotto zum Millionär zu werden bestehen, sind jedoch sehr gering.

Wir brauchen Gedanken des Reichtums, Gedanken, dass WIR HABEN DÜRFEN, dass DAS GÖTTLICHE IN UNS ALLES HAT und HABEN KANN, weil GOTT ALLES IST. Wer an Mangel glaubt, wird Mangel ernten. Deine Gedanken schaffen die Realität deines Lebens.

Gib' dich nicht zufrieden mit solchen psychologischen Manipulationen, mach' lieber folgendes:

∞ Gehe rechtschaffend, lebensbejahend, al-
len alles Gute wünschend deinen Weg!
∞ Setze dir Ziele und mache Pläne und tue
etwas dafür!
∞ Glaube an Dich, an deine Träume und an
die göttliche Kraft in dir!
∞ Vertraue, dass für alle genug da ist!
∞ Meditiere und bitte um Hilfe und Geistes-
blitze für deine Ziele!
∞ Tue etwas, aber nicht das, was andere von
dir verlangen!
∞ Lass dich nicht manipulieren, beeinflusse
dich selbst!
∞ Denke dich zu deinem Ziel, mit Bilder,
Gefühlen und Suggestionen!
∞ Achte auf deine Aktionen, denn sie
kommen als Reaktionen zu dir zurück!
∞ Sage: „Ja!" wenn du ja meinst, oder
„Nein!" wenn du nein meinst.

Vergiss nicht in die Stille zu gehen, in dir ist das
Zuhause deiner Seele. Du selbst bist die Seele.
Der Körper ist dein Zuhause. Frag' deine Seele,
sie ist MIT GOTT EINS und hat auf alles eine Antwort. Denke dich dort hin, wo du gedenkst deinen Lebenssinn zu sehen, dein Denken ist deine
Schöpferkraft.

„Wann tust du für dich selbst was Gutes?"

Gut kommt vom Wort „Güte" - GÜTIG sein. Die meisten Menschen tun sich nur dann etwas Gutes, wenn es ihnen gerade schlecht geht. Sie spüren, dass sie krank werden, müde und ausgelaugt sind und beginnen dann etwas für sich zu tun. Sie beten oder meditierten nur dann, wenn sie etwas haben wollen, ängstlich sind und Hilfe brauchen. Die Menschen sind sich selbst gegenüber heuchlerisch. Magst du es, wenn deine Freunde nur dann kommen, wenn sie von dir etwas brauchen? Wie fühlt sich wohl deine Seele, wenn du nur meditierst, wenn du etwas von ihr brauchst?

Würden wir uns etwas Gutes tun, solange es uns gut geht, dann hätte es viel mehr Kraft und Stärke. Würden wir meditieren, Reiki machen, beten auch wenn es uns gut geht und wir gerade nichts brauchen, würden wir viel mehr damit erreichen. Es würden sich viel mehr Wünsche erfüllen und das Gute könnte leichter in unser Leben treten. Erst wenn wir frei, GANZ und HARMONISCH sind, erreichen wir viel.

Jeder Wunsch braucht ENERGIE und GLAUBEN um sich zu verwirklichen. Wenn es uns nicht gut geht, haben wir dafür gar nicht die nötige Energie und den nötigen Glauben.
Wir sollten lernen an uns selbst und an das Göttliche in und um uns zu glauben.
Wir sollten lernen uns täglich etwas Gutes zu tun. Die Kraft Gottes ist immer da. Ich brauche

sie nicht zu rufen und darum zu betteln. Wenn ich mir Gutes tue, mich als Wertvoll sehe, mich liebe, dann geschieht dasselbe im Göttlichen mit mir. Gott Mutter und Gott Vater, die auch in mir sind als ICH, können besser durch mich wirken und fließen, wenn ich mit mir selbst zufrieden bin, mich selbst liebe und mir Gutes tue. Das Göttliche kann in dem Guten, das ich für mich tue umso mehr in mir mitwirken und mich fördern.

Die göttliche Kraft, Gott, das Göttliche in mir und um mich, fragt mich nicht, was machst du mit deinem Atem. Er/es lässt mich einfach atmen. Er gibt mir sogar die Energie um zu atmen. Er lässt mir alles frei.
ICH ENTSCHEIDE WAS ICH damit TUE.

Das Gesetz der Natur ist:
„AUF EINE AKTION KOMMT EINE REAKTION."
Gott lässt es zu, er urteilt nicht, er gibt mir Energie und Lebenskraft für alles was ich tue. Doch ob ich sie im Guten anwende, überhaupt nichts für mich tue, oder es im Negativen gebrauche: ich werde es in meinem Leben widerspiegelt finden! Das ist ein Gesetz, das für jeden Menschen auf Erden gilt. Gott ist es egal, er liebt dich und GEWÄHRT DIR DICH SELBST ZU L(I)EBEN, mit allen guten und weniger guten Aktionen und Reaktionen.

**„Was ich habe wird mehr und was ich nicht
habe wird weniger!"**

Gleiches zieht Gleiches an - wieder ein Naturge-
setz, das für alle Menschen gilt.
Habe ich Mangel, ziehe ich Mangel an. Habe ich
Reichtum, ziehe ich Reichtum an. Habe ich
Freunde, ziehe ich Freunde an. Habe ich Unord-
nung, ziehe ich Unordnung an.
Wir könnten hier tausend Dinge aufzählen.
Eines ist wie das andere.
Was ich habe wird mehr, was ich meine nicht zu
haben, wird noch weniger.

Willst du noch länger glauben, du bist zu dick?
Willst du noch länger glauben, es gibt zu wenig
Geld?
Willst du noch länger darüber reden, wie krank
du bist?
Hör dir zu! Du gibst dort hin Energie, wo du hin
denkst.
Ist es dein Problem, wird dein Problem größer.
Ist es dein Wunsch, wird dein Wunsch größer.
Lerne mehr darüber zu reden und darüber nach-
zudenken, was du gerne bist und haben möch-
test.
Denke an deinen Vorzüge, Vorteile, Stärken und
an DAS WUNDERWERK GOTTES, DAS DU BIST,
dann wirst du dort an Energie zunehmen und das
Andere wird automatisch weniger und schwä-
cher.

Mache in der materiellen Welt was du von dir aus tun kannst!
Wenn du abnehmen kannst, dann tu es, rede nicht nur drüber! Wenn du reicher werden willst, dann mach etwas! Wenn du ordentlicher werden willst, dann räume auf! Wenn du pünktlicher werden möchtest, dann sei pünktlich! Wenn dein Bankkonto im Minus ist, dann schau, dass es ins Plus kommt!
WAS DU HAST UND DENKST, ZIEHST DU AN!

Wir beschäftigen uns immer mit irgendetwas. Unser Geist ist niemals ruhig.

Überleg' dir einmal, was du den ganzen Tag tust? „Woraus könnten meine Krankheiten, Geldsorgen und alle anderen Probleme, die ich habe entstanden sein? Was tue ich dafür?"

Stell dir vor, du fährst mit dem Auto in die Stadt und willst in ein bestimmtes Geschäft. Vor dem Geschäft ist ein Streifen mit angelegten Blumen und Gräsern. Der Parkplatz vor dem Geschäft ist frei und ist direkt vor dem Geschäft. Du kannst jetzt vorwärts oder rückwärts einparken. Was machst du?
Wenn du rückwärts einparkst, damit du nachher besser heraus fahren kannst, verbrennst du mit deinem Auspuff und den Abgasen die Blumen, Gräser, die Schmetterlinge und Käfer die da sind. Die Tür des Geschäftes ist offen und deine Abgase wehen durch die Tür, direkt in die Nase der

Verkäuferin. Du hinterlässt Unordnung, schon
bevor du überhaupt angekommen bist!

Wie will so ein Mensch im Leben etwas erreichen?
Wie viele Naturgesetzte hat so ein Mensch in die-
sen paar Sekunden verletzt? Aktion – Reaktion!
Wie will dieser Mensch in seinem Leben glücklich
sein, wenn er nicht weiß, was er hier gerade tut?
Denke über dein Handeln nach!
Denke weiter, denke höher hinaus, denke tiefer
hinein! Denke weiter und weiter!

Die Pflanzen haben Seelen, sie spüren den
Schmerz.
Die Insekten haben Seelen, auch sie spüren den
Schmerz.
Ich sollte das Große und das Kleine sehen und
richtig handeln lernen.

Frage dich:
„Wie lebe ich?"
„Wie fühle ich?"
„Wie denke ich?"
„Wie handle ich?"

Du gehst in ein Geschäft und möchtest gerne eine blaue Jeans kaufen. Du gehst los und schrei-
test durch das Geschäft. Du siehst einen roten
Pullover, den kaufst du. Dort findest du einen
schönen Gürtel, der auch noch im Sonderangebot
ist, den kaufst du. So geht es weiter. Doch eine
blaue Jeans hast du nicht gefunden. Entweder
war sie nicht schön genug, zu groß, zu klein, zu

teuer oder du hast überhaupt vergessen weswe-
gen du einkaufen gegangen bist.
Du hast NICHT erledigt, was du dir vorgenommen
hast!

Möchtest du, dass deine Seele sich auch so um
deine Ziele und Wünsche kümmert?

Frage dich:
„Wie diszipliniert bin ich?"
„Wie ordentlich bin ich?"
„Wie verhalte ich mich?"

So lernst du dich selbst erkennen!
Sei dir bewusst, daraus entsteht dein Leben, dar-
aus entsteht dein Sein, daraus entsteht alles was
du erlebst: deine Erfolge, deine Misserfolge, dein
Mangel, dein Reichtum, deine Krankheit, deine
Gesundheit, dein Chaos oder deine Ordnung.

Ordnung ist Heil! Unordnung ist Unheil!

Dein Denken ist in Unordnung oder in Ordnung
und das ist, was du erschaffst!

Das göttliche Sein und unsere Seele sind immer in
vollkommener Ordnung, alles andere hat der
Mensch erschaffen.

Mit unserem Denken, das EINS mit dem Geist
Gottes ist, können wir jegliches Unheil auflösen
oder erst gar nicht anziehen. Alles ist durch den

Geist erschaffen worden. Wenn wir das glauben können, darf alles geschehen, auch das, was du noch nicht glauben kannst.

DER GEIST IST MÄCHTIG, ER IST EINS MIT DEM GÖTTLICHEN GEIST.

„Spürt meine Umwelt, wenn ich nicht in Harmonie mit mir bin und Geist, Körper und Seele nicht in der Einheit sind?"

Wir alle sind die allumfassende Liebe und EINS mit dem allumfassenden Geist Gottes.
Ob wir das nun bewusst leben, wissen, befürworten oder vereinen, wir können uns dem nicht entziehen.
Da ich diesen Weisheitsweg seit einigen Jahren gehe, sind schon manche meiner größeren und kleineren nicht so guten Charaktereigenschaften ins Gute verwandelt worden. Manche meiner Eigenschaften, besonders die kleineren, unbewussteren, die ich noch gerne aufgelöst hätte, sind zum Teil noch da und schwerer zu ändern als mir lieb ist.
Deshalb sagt man auch gerne, dass Kleinigkeiten am schwierigsten zu lösen sind und am meisten Arbeit verursachen. Es ist wie in vielen Partnerschaften. Meistens sind es die Kleinigkeiten, die dort Schwierigkeiten machen.

So ist das Leben auch ein sich immer weiter *„ent-wickeln"*.

Egal welche Charaktereigenschaften wir haben, sie machen einen großen Teil unseres Selbst aus und wirken direkt auf unsere Umwelt. Dies ist meistens spürbar, sichtbar und erlebbar für die Menschen um uns herum. Nicht jeder kann alle unsere Charaktereigenschaften annehmen die wir haben. Wir werden entweder angenommen oder abgelehnt.

„Wie soll ich jemandem begegnen, der mich nicht richtig beachtet, der mich nicht mag oder mich ablehnt? Was mache ich, wenn ich jemanden nicht sympathisch finde?"

Im Normalfall denken wir: „Was ich nicht weiß, macht mich nicht heiß!", aber unsere Seele weiß es. Alles was wir denken, alles was andere Menschen denken, nimmt unsere Seele auf.
Wir sprechen immer direkt zur Seele, ob laut oder in Gedanken. Die Seele kann Gedanken lesen und nimmt jeden Gedanken um uns herum auf. Immer!
Das ist uns natürlich nicht bewusst, dennoch ist jedes Denken über uns gespeichert.

Durch mein Verhalten, mein Wesen, meinen Charakter, mein Aussehen, mein Reden, mein Denken und Sein, spürt der andere ob und wie ich auf ihn wirke. Wenn mein Geist, meine Seele und mein Körper in Einheit sind, spürt das der Mensch. Bewusst oder nicht bewusst, er reagiert

auf mich. Wir machen dasselbe bei unseren Mitmenschen.

Durch umdenken lösen gewisser eigener un-
brauchbarer Charaktereigenschaften, mehr
Selbstausdruck im Sein, verändern meines Ver-
haltens und Bewegens, durch mehr Verständnis
mir selbst gegenüber, Selbstsicherheit, Selbstver-
trauen und Selbstliebe, schaffe ich mir und um
mich eine neue Welt.
ICH KANN AN MIR ALLES VERÄNDERN, was ich
nicht mehr haben will und brauche, DURCH MEIN
BEWUSSTES DENKEN, FÜHLEN UND HANDELN.

Denken heißt:
„Wie oder was denke ich über ...?"

Bevor du beginnst über irgendetwas zu denken
oder schimpfen, lerne darüber Bescheid zu wissen.
Du hast kein Recht, über irgendetwas zu schimpfen oder etwas zu kritisieren, wenn du überhaupt
keine Ahnung davon hast. Du solltest lernen mit
deinem Geist darüber zu stehen. Du solltest für
dich erkennen, was gut und nicht so gut für dich
ist, aber nicht über den anderen urteilen. Was
für dich nicht gut sein mag, kann dem anderen
nützen, auch umgekehrt ist das der Fall.

In dem Moment, wo du über andere schimpfst
und urteilst, ist es dein Eigenes. ES KOMMT JEDES
URTEIL VON DIR! Deine Aussprache und dein Den-

ken ist Teil deines unterbewussten Inhalts. Das bedeutet, es ist eine Resonanz in dir, wenn du über etwas urteilst, sonst wäre es dir egal. Deshalb ist es besser, nicht zu urteilen und über andere zu schimpfen, weil es sich sonst in dir verstärkt und verdoppelt. In den meisten Fällen wird dir nicht einmal bewusst sein, warum du in Resonanz mit diesem Urteil bist.

Auch wenn du bisher mit urteilen immer weiter gekommen bist und du denkst, du bist der Größte, wird es auf einmal „Bumm" machen und du darfst von dem bitteren Teil des Lebens kosten. Die Seele des anderen wird jedes Mal traurig, wenn du über ihn negativ urteilst. Es ist, als ob du ihn mit geistigen Pfeilen beschießt. Diese Pfeile hinterlassen Wunden, die bluten und unterbewusst fügen sie dem Empfänger Schmerzen zu. Achte auf das Schwert deiner Zunge und deiner Gedanken, denn wer das Schwert benützt, wird auch durch dieses verletzt.

Bemühe dich täglich weiter zu denken, damit du solche Dinge erkennst, die immer dieselbe Ursache haben.

ES IST IMMER DEIN DENKEN, DU BIST ES IMMER SELBST!

Bemühe dich die Menschen nicht zu verurteilen, sondern sie zu loben und sie zu segnen. Dann wird das Leben auch dich loben und segnen.

Deine Ausstrahlung wird von deiner Umwelt aufgenommen. Bewusst oder unterbewusst reagieren die Menschen auf dich, so wie du auf sie.
Sympathie und Antipathie sind ganz normale Reaktionen aus dem Unterbewusstsein. Lerne den
Menschen, die dir nicht sympathisch sind, aus
dem Weg zu gehen und sie zu segnen.
Gewöhne dir jegliche abwertende Bemerkung
anderen gegenüber ab, dadurch wirst du in deinem Leben und im Leben des anderen das Gute
hervorholen.

Eine wunderbare Technik hierfür ist, dem Men-
schen gedanklich in das 3. Auge zu blicken.
Das 3. Auge ist zwischen den Augenbrauen über
der Nasenwurzel.
Dann denkst du: *„Ich grüße das Göttliche in dir!"*
Dieser Gruß wirkt Wunder!

Benütze ihn bei allen Menschen mit denen du
meinst Probleme zu haben, die dich ängstigen,
die du nicht sympathisch findest, die dir etwas
angetan haben, denen du nicht verzeihen kannst
und die du enttäuscht hast. Du wirst über die
positiven Reaktionen überrascht sein.

Mache diese Übung vor dem Spiegel auch mit dir
selbst! So bekommst du mehr Zugang zu dir
selbst und zu deinem inneren göttlichen Kern.

Der Schlüssel für die Bewusstseinerweiterung ist das Denken in der Weisheit Gottes und das Fühlen in der Liebe Gottes.

Vergiss nicht, MIT DEINEM DENKEN GESTALTEST DU DEINE WÜNSCHE!

„Ich wünsche mir noch vollkommener, gesünder, erfolgreicher, glücklicher und ... zu sein.", deshalb wünsche es auch allen anderen!"
Wünsche ich den anderen Gutes, kommt es auf mich zurück.

Geht es den anderen gut, geht es mir auch gut. Wünsche den anderen viel Licht und Liebe, wünsche ihnen Heil und Frieden - DAS IST LIEBE! Bitte den Geist Gottes, dass er dir und den anderen hilft. Das ist das, was jeder tun kann. Wünsche allen Frieden und Heil, auch denen die du nicht kennst, an dir vorbei gehen und die du nicht liebst. Sie brauchen Liebe und Licht - deine Liebe, dein Licht! Gott, der diese Menschen erschaffen hat - in ihnen lebt als er selbst - kann ihnen helfen, wenn er will. Besonders dann, wenn jemand Fürsprache für sie hält.

Es kann auf Erden nur besser werden durch solche Gedanken und durch dein Licht. Es ist ein Geschenk für uns alle, wenn es nur ein bisschen besser wird auf Erden.

Wünsche dir und den Menschen vor allem:
LIEBE, LICHT, REIFE, HEIL, FREUDE, FRIEDEN UND

GLÜCK! Tue es mit Freude, denn mit Freude sollten wir alles tun, auch arbeiten!
Sage dir jeden Morgen: *„Guten Morgen liebe Seele, lieber Gott."* Dann hilft dir Gott bei jeder Aufgabe, die da kommen mag. Schimpfe nicht über deine Rückschläge, sondern steh auf, sage danke, dass es nicht schlimmer war und gehe weiter.
Schau in den Spiegel, freue dich, du bist es, du lebst und es ist dein Leben! Dann kannst du den Menschen schon ganz anders begegnen.
Versuche täglich etwas für dich und andere zu tun. Schenke dir und den Menschen etwas - wenn es nur ein Lächeln ist.
Mache eine Meditation, kehre ein in den Tempel deiner Seele, in die Stille deines Seins und betrachte das als eine Hingabe an dich selbst. Verbinde dich mit dem göttlichen Geist der in dir lebt als du, damit du an dich glaubst.

Bekräftige, dass DU LIEBE BIST, dass DU LICHT BIST, dass DU GLÜCK BIST, dass DU REICHTUM BIST, dass DU FREUDE BIST, dass DU HEIL BIST, dass DU GÖTTLICH BIST und dann vergiss es nicht wieder. Lass das Licht aus dir strahlen; für dich und für andere!

Lass dein Licht strahlen, das Licht in deinem Geiste. Lass die anderen verstehen, was deine Werke, Gedanken, Gesten, Taten, Worte für eine Bedeutung haben. Hilf ihnen, dass ihnen ein Licht aufgeht, aber missioniere die Menschen nicht. Du spürst, wenn sie offen für dich sind. Denke gut

über die Menschen, denn was du denkst, ob zum Wohle oder nicht zum Wohle der Menschen, wird früher oder später in deinen Taten und in deinen Worten hervorkommen.
Hilf den Menschen: GEISTIG, SEELISCH UND KÖRPERLICH zu wachsen!

Tue jeden Tag etwas Gutes, egal ob sichtbar oder ob du geistig etwas für jemanden erbittest. Du wirst sehen wie viel Glück und Freude es dir zurückbringen wird. Was du anderen wünschst, kommt auf dich zurück.

Setze dich am Abend hin und denke nach was du getan hast. Schau noch einmal, ob du Gutes oder weniger Gutes erlebt hast. Wie war dein Tag? Schau ihn dir genau an, von morgens bis abends und frage dich, was du morgen besser machen kannst. Versuche alles zu verstehen, alles zu erkennen, lobe dich und verzeihe dir! Denke weiter hinaus! Du kannst dann viel besser schlafen, hast bereits dein Wachbewusstsein gereinigt und über dich selbst und deinen Alltag viel gelernt.

Bewusstseinserweiterung ist das Gegenteil als die Ansammlung von Daten!

Wir haben das ganze Leben Daten gesammelt und diese Daten in unserem Unterbewusstsein abgespeichert. Es ist wichtig, dass alles, was im Unterbewusstsein abgespeichert ist, ins Bewusst-

sein kommen kann und mit dem Verstand ver-
knüpft werden kann, um es aufzulösen.
Du brauchst die Weisheit, denn sie holt nicht die
Daten vom Unterbewusstsein und vom Verstand
hervor, sondern holt die Daten direkt aus dem
Universum.
DEIN GÖTTLICHER GEIST WEISS ALLES!

Du brauchst nur mehr Weisheit, deine Führung,
deinen Glauben an dich und Gott und die Bewusstseinserweiterung, um es zu verstehen und
zu leben. Du kannst jetzt gleich beginnen, von
der göttlichen Ebene zu schöpfen, dann werden
Dinge passieren, die für dich noch UNVORSTELL-
BAR sind!

Die BEWUSSTSEINSERWEITERUNG bedeutet, dass
sich der Geist in eine unendliche Dimension erweitert. Durch ein großes Bewusstsein kannst du
viel mehr an Weisheit aufnehmen.
DURCH DIE BEWUSSTSEINSERWEITERUNG, WIRST
DU BEWUSST IN ALLEM!
BEWUSSTSEINSERWEITERUNG bedeutet, den Geist
erweitern um GROßARTIGER und GÖTTLICHER zu
werden. Du kannst alles Ungute los lassen, alles
Gute kann in dich einkehren, wenn du endlich
aufhörst mit deinem Verstand zu denken und bewusst deinen göttlichen Geist und dein Herz
denken lässt.

Durch die BEWUSSTSEINSERWEITERUNG, wirst du
lernen MEHR ZU VERSTEHEN, WEITER ZU DENKEN,
KLARER ZU SEHEN und BEWUSSTER ZU LEBEN.

Du könntest heute schon in einem Paradies leben. Es ist dies nur ein Bewusstseinszustand in dem du weißt, du bist EINS mit Gott, der alles ist und aus dem alles hervorgegangen ist. Dazu brauchst du nur dein Bewusstsein zu erweitern und zu verstehen, dass dieses, dein Leben ein Geschenk des Seins ist.
Wir sind alle Kinder der ewigen Quelle der Liebe, des unendlichen Geist Gottes. Wir sind alle die Erben des unendlichen Seins.
Das Göttliche lebt in uns als ICH BIN.

Glaube an dich und bejahe: *„Alles was Gott hat ist mein. Ich bin EINS mit Gott und Gott ist Vollkommenheit. Nichts anderes bin ich! Ich bin ein Engel auf Erden, der sich entschieden hat, hier her zu kommen um das Licht und die Liebe Gottes zu bringen. Ich bin die Augen Gottes, welche durch mich seine Schöpfung betrachten. Ich bin der Mund Gottes, der das Wort der Kraft spricht. Ich bin die Hände Gottes, die durch mich auf Erden wirken. Ich bin eine individuelle Erscheinung des einen ewigen Seins, das sich durch mich hier auf Erden ausdrückt."*
„ICH BIN MIR SELBST BEWUSST!"

Ich segne dich mit:
„Ich grüße das Göttliche in dir!"

Diese Zeilen sind von Herzen aus Liebe für dich geschrieben!

Bewahre sie gut!

Über den Autor:

Oliver Feldmann wurde ausgebildet in metaphysischer Geistheilung, als metaphysischer, psychologischen Lebensberater, autogener Trainings-lehrer u. Meditationslehrer, in Geis-teswissenschaft, in Metaphysik und diverser anderer heilerischen Semi-naren, in allen neuen Bewusstsein-und Transformationstechniken, in Psycho-Kinesiologie und Regulati-ons-Diagnostik, als medialer Berater und Medium und bringt seine Kennt-nisse und sein Wissen in seine Semi-nare und Behandlungen mit ein.

Oliver Feldmann arbeitet als autorisierter Reiki-Lehrer seit 1995 und erhielt seine Reiki-Ausbildung bei Doris Sommer der bekannten Buchautorin von „Das Reiki-Lexikon und anderen Büchern".

Oliver Feldmann ist Gründer der Licht-Insel Austria, Praxis und Schule spiritueller, meditativer, medialer und geistig-heilender Arbeit und dem Holistic-Institut, Lustenau – Insti-tut für Holistische Transformations- u. Bewusstseinsarbeit

Um sein Wissen mehreren Menschen zugänglich zu machen, beschloss er zu schreiben.

„Ich wünsche mir, dass dieses Buch beiträgt, das globale Bewusstsein zu erhöhen und den Menschen erkennen lässt, wie wunderbar, einzigartig und göttlich er ist."
Oliver Feldmann

Weitere Informationen über die Seminare und Beratungen In der Licht-Insel Oliver Feldmann erhaltest du unter:

**Licht-Insel Oliver Feldmann, Holistic-Institut
Lustenau, Österreich
www.lichtinsel.at, info@lichtinsel.at**